Lei 11.340 Maria da Penha

Roberto da Silva Rocha, professor universitário e cientista político

Introdução

A estupidez humana não tem limites.

Consegue me surpreender sempre.

Como seria possível reduzir as estatísticas da violência contra as mulheres?

Não consigo imaginar isso!

Segundo os dados do Ministério da justiça os assassinatos das mulheres atingiram a incrível e catastrófica cifra de 6,12 mulheres por cada cem mil habitantes no Brasil!

Quando consideramos que no Brasil cerca de 49,9 assassinatos são cometidos por cada grupo de cem mil habitantes, e que cerca de 37,1 assassinatos de homens são cometidos para cada grupo de cem mil habitantes você pensa o quão absurda é a lei Maria da Penha!

Na Noruega, Suécia ou Dinamarca esta é a ordem de grandeza dos assassinatos cerca de 0,5% ou 5 para cada cem mil habitantes. Precisamos de uma Lei Maria da Penha a favor dos homicídios dos homens contra eles mesmos para baixarmos para o índice das mulheres brasileira assassinadas.... Pelo amor de Deus, isto é histeria coletiva e propaganda enganosa... Sai dessa, vamos ser honestos, não se briga com os números!

Peço a condenação de todos os homens pelas continuadas violações cometidas contra as mulheres, principalmente estabelecendo por mais de 10 mil anos uma supremacia tal que tem hegemonicamente excluído a mulher de qualquer iniciativa importante para a humanidade.

Os homens criaram praticamente tudo que existe na vida moderna sem permitir a menor participação feminina, pois criaram, entre outras coisas:

Submarino;
Navio a vapor
Aviões
Automóveis
Computador
Sistemas Operacionais digitalizados e analógicos para

dispositivos computadorizados

Helicópteros

hélice

Geradores elétricos

Solda Elétrica

Caneta esferográfica

Máquina de lavar roupa

Secadores de cabelo

Chapinha elétrica de cerâmica

Microprocessadores de semicondutor

Inventaram, descobriram a Física,

Química

Matemática

Geografia

Filosofia

Psicologia

Medicina

Antropologia

Sociologia

Astronáutica

Astrologia

Engenharias

 e enfim, não deixaram quase nada para as mulheres

descobrirem ou inventarem.

Este fato deixou as mulheres em uma situação tal que

as mesmas encontram-se sem condições de provarem as suas qualidades intelectuais por total ausência de qualquer oportunidade deixada pelos machos.

É por isso que pessoas como Maria da Penha sofreram agressões durante quase uma década (de 1983 até 1993) pelo seu marido e sem poder se afastar dele, permitiu que o seu sofrimento se prolongasse até que o mesmo fosse afastado do seu lado pelo divórcio.

As mulheres precisam ser tuteladas, cuidadas, conduzidas por que a opressão do macho não permite que elas cresçam e elas são incapazes de romperem esta dependência total do macho, intelectualmente, fisicamente, economicamente e sentimentalmente.

RELATÓRIO ANUAL 2000

RELATÓRIO N° 54/01*

CASO 12.051 / OEA

MARIA DA PENHA MAIA FERNANDES

BRASIL

4 de abril de 2001

I. RESUMO

A tal Comissão de direitos Humanos da ONU recebeu uma demanda de tal Maria da Penha Fernandes uma senhora brasileira, nordestina, casada com o brasileiro naturalizado nascido em Colômbia chamado Marco Antônio Heredia, numa cena onde a agressão foi se escalando de verbal inicialmente para vias de fato físicas lá no estado do Ceará onde tinham domicílio este casal.

Poderia ser mais um número nas estatísticas das muitas brigas de casal se não fosse pelo fato da vítima procurara a justiça brasileira e insatisfeita com a sentença proferida contra o seu agressor procurou agudizar e agravar a pena dando promoção e publicidade internacional ao fato da agressão recorrendo ao fórun de maior repercussão mundial depois que se deu conta da sua situação onde se viu paralítica em decorrência da fatalidade da tentativa frustrada de homicídio por parte do agressor que a alvejou com um tiro de arma de fogo.

Alega a paciente da ação Maria da Penha duas coisas:

a) A demora de quinze anos para culminar o encerramento da condenação do réu;

b) A violência sofrida na condição de mulher.

Qualquer brasileiro que se vê obrigado a recorrer ao sistema judiciário brasileiro sofre de paralisia burocrática administrativa dos tribunais e da estrutura jurídica onde se pode recorrer uma dezena de vezes em até quatro instâncias judiciais o que prolonga uma ação desse tipo em até vinte anos se o réu tiver disposição e recursos levando a protelação até a situação de prescrição ou decadência.

Assim, não foi um privilégio nem perseguição sobre a maria da penha nem um desinteresse dada a sua condição de mulher, porque a lei cega para a capa do processo, em nenhum lugar do pesado código penal e no código de processo penal brasileiro está escrito que as pacientes de são discriminadas negativamente em função do sexo ou outra condição a não ser para destacar algum benefício. Neste caso a lei brasileira é muito pródiga em direitos mais do que em deveres e obrigações sempre.

A constituição brasileira em seu artigo quinto possui 134 direitos e deveres contra 34 obrigações e restrições aos cidadãos, criando obrigações para o Estado brasileiro difíceis e até impossíveis de concretizar ficando de fora apenas o prazer e a felicidade do cidadão como dever do Estado. Por enquanto.

Então punido o senhor agressor Herédia pela justiça brasileira no prazo e dentro das medidas de dosimetria criminal de acordo com as leis de execução penal pergunta-se o que mais queria de extravagante a senhora maria da penha do sistema jurisdicional brasileiro?

A senhora da penha queria vingança aquela dos cangaceiros que extermina família inteira quando um membro de uma família nordestina é assassinado por um outro membro de outra família e então começa uma vendeta interminável de vinganças com matanças em série que vão terminar apenas quando restar o último membro das famílias envolvidas nesta matança por vingança recíprocas quando o último descendente sequer sabe o motivo ou o início de tanto ódio.

Naturalmente os membros da comissão de direitos humanos da ONU desconhecem a cultura de ódio das clãs nordestinas do Brasil e desconhecem os mecanismos protelatórios do sistema jurídico brasileiro com o seu máximo de injustiça e aberração culminado no chamado recurso rescisório, a jaboticaba brasileira onde depois de concluído toda tramitação possível do processo legal ainda dispõe a vítima irresignada poder pleitear derrubar tudo que foi construído ao longo da via crucis processual de dezenas de anos e de perpassar nos olhos de meia dúzia de juízes em todas as instâncias ainda procurar um descuido ou uma chicana pra derrubar o julgado num gesto desesperado ou muito cínico para através de um momento de devaneio de um julgador reverter um fato consumado.

Assim, procurou a maria da penha reverter o ato da sua paralisia na coluna vertebral causada pelo projétil da arma de seu agressor com a medida extrema e da repetição da condenação mais uma vez fazer recuar o tempo e devolver a sua coluna vertebral inutilizada definitivamente através do sofrimento de todos os homens capazes de impor um sofrimento a qualquer mulher que atravessar o caminho de um agressor, com o poder erga omines de revolver o sofrimento pela aplicação de um grande sofrimento ou gravíssima ameaça de um grande sofrimento através de punição tão grande capaz de desestimular o provável agressor.

A ideia é atraente, uma punição tão violentamente aplicada de modo liminar sem passar por qualquer das instâncias burocráticas judiciais lentas e morosas para desestimular o homem agressor independentemente de quaisquer motivos que tenha dado a mulher que tenha levado o agressor a ousar tocar uma mulher pela violência imanente a condição de superioridade genética dada pela natureza que torna o macho uma máquina assassina contra a mulher indefesa sem admitir isso explicitamente dado que a mulher vista na lei está em mesmo patamar de igualdade, em que pese a condição dada pela natureza de propiciar ao macho duas vezes e meia maior densidade óssea do que outorgado pela genética feminina, os machos possuem uma explosão muscular duas vezes maior e o dimorfismo sexual machista da natureza os dotou de uma massa muscular e óssea muito maior.

Mas a lei deve cegar para tudo isso, e mais, desconhecer da agressão da mulher sobre e contra o macho e agir sempre incondicionalmente na busca da proteção e defesa incondicional da fêmea sem admitir a sua inferioridade jamais nessa ou em qualquer circunstância. Paradoxo ou contradição?

Então a petição de maria da penha cria procedimentos extraordinários não contra a morosidade dos instrumentos jurídicos consagrados pelo procedimento normal da justiça brasileira diante da quantidade de processos na fila da prestação jurisdicional e a observação dos princípios constitucionais que foram quebrados pela lei provedora de proteção especial para a mulher depois da queixa de maria da penha, violou-se os próprios princípios de cláusulas pétreas constitucionais:

a) Devido processo legal;

b) Ampla defesa;

c) Direito ao contraditório;

d) Trânsito em julgado;

e) Presunção de inocência.

Violentados estes princípios pode-se dar celeridade aos processos especialíssimos das privilegiadas cidadãs que possuem vaginas sejam mulheres gênero ou não, como transsexuais declaradas como mulheres funcionais para efeito legal.

A comissão achou admissível a queixa de maria da penha numa repetição da mesma ação já impetrada no Brasil e julgada e prolatada a sentença repete a condenação a pedido da militância feminina num ato exclusivamente político dentro daquela atitude da militância política caracterizada pela nova luta de classe marxista na versão gramsciana da guerra de posição ideológica para fragmentar o tecido social em busca da ruptura da sociedade liberal capitalista que deve ser destruída através de novos instrumentos de estratégia de luta de classe.

A única violação do Estado brasileiro sobre maria da penha é a mesma que faz um acidentado do trabalho esperar um ano para fazer uma perícia médica para obter o seu benefício, a mesma que faz uma paciente de exame pré natal esperar um ano para fazer uma ecografia, o mesmo que faz um aposentado esperar a justiça federal demorar cinco a dez anos para rever os valores de uma aposentadoria, o mesmo que faz dum segurado procurando a aposentadoria por idade esperar dois anos a mais para obter o início do benefício.

Porque que neste cenário haveria uma discriminação sobre o gênero feminino conforme fez parecer a condenação da comissão de direitos humanos (em minúsculas) da ONU?

Então fez parecer que o Brasil é um matadouro de mulheres que as está exterminando como moscas e que o homem brasileiro é um atentado permanente a existência das mulheres em nosso país!

Esse homem mau e perverso é uma ameaça muito séria que recebeu um grau máximo de atenção e de ação violenta e excepcional a começar das ações para implementação de delegacias especialmente constituídas para atendimento das mulheres ameaçadas por esse terrível ser perigoso chamado macho.

Via de regra todos os meios de comunicação estão trabalhando a serviço de promover a cautela máxima das mulheres contra o potencial de perigo que representa para a sociedade a simples existência dos homens que seriam melhor se fossem banidos do meio social sem qualquer estatística ou pesquisa social indicasse a menor probabilidade de comprovação factual destas possibilidades.

Então iniciou-se uma campanha abertamente contra o macho brasileiro isolando-o e acantonando o homem potencial assassino das mulheres de fato.

Em nenhuma parte da ação de maria da penha ouve-se a voz do senhor Herédia. O sr Herédia nunca foi ouvido pela comissão de direitos humanos da ONU.

Esse método nazista e fascista é reproduzido nas delegacias de atendimento à mulher e nos tribunais de exceção onde se julga a agressão unilateralmente do macho pré condenado ex ante qualquer julgamento como exige a lei feminista derivada deste processo iniciado na fornalha da teoria da secessão por diversidade sexual lavrada dos escritos de prisão de Antônio Gramsci preso na Itália por atividades subversivas contra o mesmo estado de direito legalmente constituído.

Então o sr Herédia nunca exerceu na comissão de direitos humanos da ONU nenhum dos direitos adjudicados a queixosa maria da penha onde sequer se soube o que levou o sr Herédia a querer matar a sua companheira. Fosse ele um psicopata desmotivado seria internado num manicômio para doentes, mas nesse caso ele estava consciente e em perfeita condição de controle de seus atos e desejos. Nem se cogitou da legítima defesa nem de defesa putativa, sequer foi perguntado o motivo da agressão.

Sr Herédia sofreu um julgamento sem quaisquer atenuantes e atingiu a todos os machos brasileiros por causa da ira de uma mulher nordestina em sua ânsia de vingança sem que se pese sequer das antecedentes culturais atávicas de conhecimento de qualquer brasileiro cantado em versa e prosa na estigmatização da paraíba masculina muié macho sim senhor.

Cegam-se para a cultura popular nordestina e age como se nenhuma circunstância cultural pudesse propiciar qualquer sentido de busca de entendimento da gênesis da violência e da linguagem de violência entranhada na cultura do sertanejo desde Cabral de Melo Neto e José de Alencar dentre outros escritores incluindo uma mulher a nossa Raquel de Queiroz.

Mas quando se quer fazer uma grande bobagem nada acontece por improviso nem por acaso, o sistema está em marcha em busca da destruição do contrato social tácito que nos libertou da selvageria da lei de talião para sociedade contratualistas, esses comunistas nunca desistiram da sociedade totalitária do pensamento único e da destruição da liberdade.

Então julgou não somente novamente o caso da agressão contra maria da penha como também a comissão de diretos humanos da ONU julgou o sistema jurisdicional do Estado brasileiro e isso teve como consequência a chantagem internacional obrigando o Brasil a construir uma lei de exceção nominada lei maria da penha número 11340.

Como todas as vítimas costumam ficar paralisadas inexplicavelmente e irracionalmente durante dez anos segundo a sua narrativa nada verossímil sofrendo agressões sem se separar do agressor numa atitude passiva quase de prazer psicótico pelo sofrimento recebido como se gostasse disso num atavismo masoquista doentio e somente quando uma grande tragédia acontece esse processo vem à luz da sociedade, é um caso clínico patológico que se transforma em caso penal criminal bem depois de uma degeneração e perda de controle do viciado em aplicar o sofrimento e do viciado em sofrimento físico e emocional. Ambos se tornam dependentes um do outro vítima e agressor burlando todos os limites físicos e morais existentes.

Depois de duas tentativas de homicídio percebeu a lerda senhora maria da penha que poderia deixar o seu agressor e morar separado dele após tudo isso e um par de dezenas de anos sem que ninguém suspeitasse dessa leniência quase patológica em gostar tanto de sofrer sem se importar consigo mesma e da filha sem nunca ter denunciado até ser quase morta enquanto dormia junto com o assassino, mas se mostra excepcionalmente ativa ao buscar ajuda excepcional na comissão de direitos humanos da ONU numa virada que em nada é compatível com a sua trajetória extremamente passiva e tolerante.

É um desfio a quem possui até mesmo meia dizia de neurônios para buscar entender como uma senhora que trabalha fora de casa possui sua profissão bem formalmente estabelecida, com instrução superior, bem alfabetizada não consegue se defender minimamente de um agressor contumaz e nunca esboçou um gesto sequer de defesa ou de represália, nunca procurou ajuda policial ou jurídica quiçá psiquiátrica para evitar a situação limite inclusive com duas tentativas de homicídio contra a sua vida?

Nunca vi argumento tão falho e falso pois não serve de enredo de filme ou novela porque carece de veracidade e de consistência lógica. Nunca haverá um filme sobre maria da penha. O enredo mais idiota e incoerente do mundo não merece um livro, mas mereceu toda revolução no elenco folclórico do já ridículo sistema judicial brasileiro.

Sempre inocentemente casou-se com um homem da qual desconhecia qualquer informação básica para colocar alguém dentro do seu lar, segundo o relato em sua defesa, que na verdade depõe contra ela mesma mostrando a sua natureza confusa e descuidada aparentemente se não foi por ambição cega sobre as possibilidades de se casar com um homem de posses bem superiores às suas.

Então a comissão de direitos humanos da ONU passa a exercer a função revisora dos procedimentos da corte brasileira abusando de sua competência e violando a soberania e a independência autárquica nacional pela cdh.

Não existe reparação de danos porque todos os atos humanos são irreversíveis, uma palavra que sai da boca não pode voltar para a boca e ser desfeita, anulada, reparada, uma agressão física não pode ser desfeita mesmo com castigo e vingança, nenhuma pena devolve ou revoga qualquer ato nem pode compensar, é tudo uma falácia de petição de princípio da justiça. Nem se quer previne pela ameaça e exemplaridade. A única maneira de castigar o mal feito é impedir que se faça o mal.

Todo o furor e publicidade de maria da penha não retirou o sofrimento nem sequer as rodas da sua cadeira perpétua, vive esta senhora no amargor de sua vida fazendo palestras e sendo exaltada e condecorada quando se sabe que nada vai voltar a sua condição física e emocional de antes. É tudo inútil. A punição serve para nada. Nunca aprenderemos a lição. Os homens continuam a ser agredidos e desafiados pelas suas contrapartes e continuam reagindo simplesmente porque acreditam tal qual a lei criminal ensina que a vingança tem o poder de compensar a primeira agressão, e, mais, pode ameaçar e prevenir o agressor, mas nada disso funcionou até agora na humanidade. A única coisa que mudou a sociedade foi a ética e a consciência moral. Mas não nos convence isso.

Não lembram que a primeira violência é a invasão da privacidade do outro e a verbalização agressiva de uma reivindicação que se transforma em vias de fato somente quando o adversário na contenda toca o outro é que o Estado de direito e a sociedade se comove.

Então a mulher continua acreditando que desafiar o macho e instigar e acossar com palavras e gesto não constitui a mesma agressão que se perpetra mediante do contato físico violento, Mas a agressão começou muito antes quando o macho foi desfiado e seu instinto animal aflora e reage em sua defesa da masculinidade da demonstração de retomada de seu status de superioridade física que constitui a vantagem primária para encerrar uma disputa qualquer que seja pois sabe que a mulher perderá sempre na arena física corporal. Sem querer se submeter fisicamente tenta esboçar uma ração e agrava as agressões físicas estimulada pelo discurso de falsa igualdade de condições da proteção legal que ficta, somente aparece depois de encerrada por derrota física a disputa das vias de fato.

Triste lamentar o discurso irracional que não reconhece a fraqueza e fragilidade da mulher ao contrário a incentiva exaltando a igualdade inexistente ou ineficiente devido às proporções da disputa onde o socorro sempre chega atrasado e nada pode fazer.

Prossigamos em nosso discurso irracional ainda reforçado pela ideia natimorta de justiça como reguladora das relações sociais quando o contrato de quase nada serve quando o cliente decide violar as convenções e somente resta um enorme trabalho para recorrer da compensação do prejuízo sem considerar ao menos que o tempo já foi uma vantagem em favor do réu e o tempo jamais será compensado e jamais poderá regredir em favou do queixoso.

Vivemos nos enganando sobre as reais possibilidades da justiça humana quando deveríamos nos preocupar com a educação para a não violência que previne e se antecipa aos potenciais conflitos. Evitar o primeiro grito, evitar a primeira briga, evitar a primeira mentira, evitar a tentação de levar vantagem em proveito de outro, evitar violar a propriedade e a privacidade não autorizada, evitar abusar da tolerância e da gentileza do outro.

Nenhuma lei no mundo evitou ou preveniu qualquer crime de pois de cometido em função do cálculo do custo de risco em função da probabilidade de se escapar de uma punição ou de ser descoberto no ato delituoso.

Confunde-se prevenção com ameaças. Prevenção é ensinar e dialogar para mostrar as vantagens de um contrato social decente e igualitário que não cega para as diferenças produzindo as compensações e confirmando o reconhecimento das fragilidades e das virtuais superioridades imanentemente outorgadas pela própria natureza.

Todo esse sistema baseado no ódio da mulher eterna vítima do macho agressor não disfarça e não esconde a verdade clara da inferioridade física natural da mulher e negar isso já é o primeiro passo para fugir da solução.

Parece bobo e óbvio que dizer que a mulher está rodeada de proteção contra o macho é um crime por si só empoderando artificialmente um ser imanentemente frágil e pretendendo dar garantias para que ela continue a desafiar o macho até o limite das vias de fato, seria surpreendente se as campanhas de prevenção de violência parasse de pretender atacar e alcunhar o macho e pedissem às mulheres de se absterem do risco de uma agressão, as mulheres não estão sendo incentivadas a reconhecerem a superioridade evidente física dos machos e ao contrário se ataca para se defender. Somente um ser humano é capaz de tal loucura e irracionalidade.

Finalmente transformaram a leniência e a demora pró réu em perpetração maliciosa do machismo a favor do sr Herédia quando a leniência da justiça é contra todos num elenco sofista de dicção erística eivado de falácias capaz de ruborizar qualquer cidadão não feminazista com apenas um par de neurônios assim machillizando a justiça e tratando-a com parte da ação machista contra a mulher desprotegida.

Quisera eu e todos os brasileiros que a justiça fosse ágil e minimamente racionalizada todos ficariam satisfeitos mas esse processo de violação das garantias sociais em favor das mulheres contra os homens por causa de uma briga doméstica encarniçada da qual não sabemos quem começou e nem quem foi o culpado a conforme atesta nos autos do processo criminal instaurado onde o júri popular deliberou tendo acompanhando-o pari passu e teve dúvidas quanto a culpabilidade do sr Herédia vem a corte extrajudicial declarar unilateralmente a sentença inapelável e à revelia condenando o sr Herédia esse sim um fato absurdo e injusto.

Irresignada a parte apelou. . Passaram-se outros três anos até que, em 4 de maio de 1995, o Tribunal de Alçada decidiu da apelação. Nessa decisão, aceitou a alegação apresentada extemporaneamente e, baseando-se no argumento da defesa de que houve vícios na formulação de perguntas aos jurados, anulou a decisão do Júri.

Não respeita a cdh da ONU a soberania popular representada pelo júri popular no julgamento legar e recorrível dentro da justiça brasileira da qual se valeu a senhora. Imagine-se que todos os brasileiros insatisfeitos com as decisões judiciais recorressem assim as cortes internacionais sem nenhuma razão a não ser sua desobediência e teimosia?

Não foi assim tão resiliente quando passou mais de um par de décadas passivamente sofrendo sem reação às agressões e num surto de ira resolveu se defender. Me parece desde o início para salvar as aparências foi a maria da penha instrumentalizada e utilizada pelas militâncias sociais de esquerda para estabelecer um paradigma da luta de classes no enfrentamento do sistema capitalista representado pelo sistema judicial penal brasileiro no que conseguiu repercussão interna e externa.

As militâncias tendem a se acomodarem facilmente as ideologias totalitárias.

Um militante étnico começa imaginando uma forte componente de coesão capaz de coatar as forças para enfrentar os diferentes.

O que aconteceu depois foi a descoberta que a unidade está restrita a uma única característica comum.

No total eles são tão diversos quanto qualquer grupo social: tem times de futebol antagonistas; tem culturas diferentes musical, teatral, literária; tem opção de lazer completamente diversificada; tem padrão de vida diferentes; tem sexualidade diversas.

Enfim, a única maneira de garantir a coesão é estabelecer um padrão universal totalitário para religião, sexual, musical, cultural, desportiva.

O caso maria da penha não passa de um ato ideológico política da escatologia conhecida como luta de gêneros dentro da estratégia de hegemonia do comunismo internacional representada pelo fórun dos povos que coordena a famosa instituição transnacional do fórun de São Paulo.

O ministro do Supremo Tribunal Federal (STF) Marco Aurélio Mello determinou o retorno à ativa do juiz Edilson Rumbelsperger Rodrigues, da comarca de Sete Lagoas (MG). Em novembro do ano passado, ele foi suspenso por pelo menos dois anos, acusado de usar linguagem discriminatória e preconceituosa em sentenças nas quais considerou inconstitucional a Lei Maria da Penha. O magistrado também rejeitou pedidos de medidas contra homens que agrediram e ameaçaram suas companheiras.

A decisão do ministro do STF é liminar e pode ser contestada no plenário. Marco Aurélio Mello considerou o afastamento "inadequado" e afirmou que as afirmações do magistrado foram feitas de forma "abstrata", sem se referir a uma pessoa em particular. Para ele, as sentenças do juiz são resultado de sua "concepção individual".

"É possível que não se concorde com premissas da decisão proferida, com enfoques na seara das ideias, mas isso não se resolve afastando o magistrado dos predicados próprios à atuação como ocorre com a disponibilidade", afirmou Marco Aurélio.

Em 2007, Rodrigues atacou a lei em algumas sentenças, classificando-a como um "conjunto de regras diabólicas". Ainda segundo o juiz, a "desgraça humana" teria começado por causa da mulher.

"A vingar esse conjunto de regras diabólicas, a família estará em perigo (..) Ora, a desgraça humana começou no Éden: por causa da mulher. Todos nós sabemos, mas também em virtude da ingenuidade, da tolice e da fragilidade emocional do homem", segundo trechos de decisões do juiz.

Rodrigues responde a processo administrativo no CNJ desde setembro de 2009. Na época, ele negou que tenha havido "excesso de linguagem" e se defendeu da acusação de preconceito.

"Eu não ofendi a parte e nem a quem quer que seja. Eu me insurgi contra uma lei em tese, e mesmo assim, parte dela. Combato um feminismo exagerado, que negligencia a função paterna, que quer igualdade sim, mas fazendo questão de serem mantidas intactas todas as benesses da feminilidade", afirmou o juiz.

"Entre o excesso de linguagem e a postura que vise inibi-lo, há de ficar-se com o primeiro, pois existem meios adequados à correção, inclusive, se necessário", afirmou o ministro do STF em sua decisão. As informações são do G1.

Conclusões:

A Senhora Maria da Penha

Um dia, estava ela deitada em seu leito quando foi subitamente acordada pelo seu marido com um forte estampido.

Naquele dia o Senhor marido, Marcos Heredia, acordou, deu comida aos pássaros, lavou o carro, ligou o rádio, manejou o videogame, e como estava entediado, pegou a espingarda e teve a ideia de fazer uns pequenos orifícios nas costas de Maria da Penha.

Por causa desta brincadeira de mau gosto, sem nenhuma motivação, porque ela era uma boa senhora e excelente mãe e esposa, o Seu Marcos foi condenado pelo júri popular e foi sentenciado a quinze anos de reclusão.

Insatisfeita pela demora do julgamento, a Senhora Maria da Penha recorreu ao tribunal da OEA para denunciar a morosidade da justiça em seu caso, já que demorou apenas 10 anos, o julgamento, uma coisa muito rara no Brasil, cuja Justiça é conhecida pela sua celeridade.

Como o devido processo legal instaurado contra o acusado lhes permitiu ser ouvido pelos membros do tribunal do júri a pena de quinze anos foi atenuada para apenas dez anos, a contragosto de Maria da Penha.

Insatisfeita com o desfecho, as feministas e os defensores dos direitos humanos das mulheres, vítimas da violência característica masculina, conseguiram a promulgação de uma Lei que faz o divórcio de fato, em um ritual bastante simples, sumário, unilateral, sem o contraditório, sem a legítima presunção da inocência do acusado, sem o devido processo legal, permitindo que o acusado vá imediatamente para a cadeia e nunca mais possa retornar ao seu lar, ficando despossuído de todos os seus pertences e objetos pessoais, profissionais, sentimentais, e de valor.

Está assim concretizada a vingança das mulheres contra os homens violentos, já que a justiça é sempre insuficiente, mesmo vendo seu ex-marido condenado pelo devido processo legal, Maria da Penha agora, heroína, vai ser elevada ao símbolo máximo da defesa da justiça.

Agora, sem ironia.

Não se cura a síndrome do coração-partido de um homem com o seu confinamento penal. Isto apenas aguça o seu espírito de vingança, e acende a sensação de injustiça, quiçá, desperta um sentimento de desproporcionalidade do castigo aplicado, já que as consequências da Lei Maria da Penha determinam um divórcio de fato que viola as convenções e pré convenções nupciais, caça todos os direitos formais do acusado, e age de modo extremamente viral, vingativo, excludente, irreversível, sumário e precipitado.

Problemas emocionais devem cair no âmbito dos

psicólogos e terapeutas de família, não nas mãos de um delegado de polícia, de um oficial de justiça, ou de policiais do GATE, BOPE, GARRA, do agente da polícia Civil ou Militar que não foram treinados para compreenderem as doenças do coração atarantado de um amor ferido. O resultado destes equívocos é que tem diminuído de forma insignificante os crimes contra as mulheres, e o tempo irá revogar este grande equívoco, juntamente com o malfadado Estatuto da Criança e do Adolescente, duas jaboticabas tupiniquins inseridas no nosso emaranhado código de conduta legal brasileirinho.

Já que carecem os argumentos de tipo formal-legal, lógico, constitucional, então somente as estatísticas irão demonstrar o absurdo desta Lei de exceção, o verdadeiro AI-5 do código de processo penal em época pós-ditadura no Brasil. Uma excrescência jurídica, resultado da condenação do judiciário pela OEA, que condenou o processo legal no Brasil, e não o senhor Heredia.

Motorista de aplicativos fotografa peitinhos de clientes que cochilam no seu carro e posta a foto na rede social. Minhas notas de repúdio a esse idiota que ainda vive na época romântica de espiar o corpo feminino, a essa quadra da civilização brasileira onde as mulheres em sua maioria vulgarizaram a sexualidade em todos os aspectos da vivência moral. Mulheres morrendo em clínicas clandestinas, mulheres que gastam 15 mil reais para ter um enorme seio, bunda enorme, roupas empacotando seu corpão a vácuo, mostrando todos os detalhes da divisão da vagina, mas o idiota ainda olha para elas nas ruas, esquizofrênicas que gastam em média 287 reais por semana nas lojas de estética justamente para nem ser notadas pelas ruas e táxis, e transportes urbanos, em shoppings, em aplicativos, quando os homens vão entender essa lógica feminina?

Quem tem o QI mais baixo? O macho que sucumbe aos artifícios eróticos e infantis femininos, ou a mulher exibicionista devassa com ar de inocente e ingênua?

A esquizofrenia e a psicopatia feminina ficaram por muitas décadas fixadas em nomes exclusivamente de furacões até ser mudada a prática sob protestos do politicamente correto.

A prática social do senso comum nem sempre acinte a lógica e permite que todas as mulheres representações de loucura saudável e escusável duas vezes por mês durante dez dias a pretexto das cólicas menstruais. Imagine só se os machos tivessem essa conceção socialmente permitida e abonada para que uma vez por ano tivessem um dia para explodir de ódio contra tudo e contra todos por causa de uma cólica ou outra dor ou outro desconforto ao seu talante. Isso é igualdade.

As militâncias tendem a se acomodarem facilmente as ideologias totalitárias.

Um militante étnico começa imaginando uma forte componente de coesão capaz de coatar as forças para enfrentar os diferentes.

O que aconteceu depois foi a descoberta que a unidade está restrita a uma única característica comum.

No total eles são tão diversos quanto qualquer grupo social: tem times de futebol antagonistas; tem culturas diferentes musical, teatral, literária; tem opção de lazer completamente diversificada; tem padrão de vida diferentes; tem sexualidade diversas.

Enfim, a única maneira de garantir a coesão é estabelecer um padrão universal totalitário para religião, sexual, musical, cultural, desportiva.

O comunismo soviético e chinês fez coisas extraordinárias que nenhum capitalismo conseguiu ou conseguirá, por causa de certos parâmetros políticos inexoravelmente imanentes e exclusivos do sistema que não podem ser reproduzidos no liberal capitalismo plebiscitário.

O erro doutrinário do comunismo foi a sua soberba intelectual e doutrinária que se arrogou de totalitarismo que não exclui nada da vida das pessoas de sua tutela intelectual.

Quis abolir a moral, a religião, a cultura, a ciência, o estado, a família, e substitui-los pelo seu padrão inédito.

A arrogância derrotou o comunismo. Não existe nação sem heróis; Não existe ciência sem resposta para tudo; Não existe religião sem milagres;

Não existe filosofia sem abstrações ambíguas; Não existe civilização sem tradição; Não existe cultura sem mitos; Não existe história sem epopeia

Não existe ideologia sem farisaísmo.

Tudo Começou com os pecadores.

Aí vítimas do pecado precisando da salvação da alma perdida.

Aí veio o escravo precisando de livramento.

Depois veio o povo oprimido pela escravidão que foi libertado do cativeiro cruel.

Então foram as prostitutas desprezadas e apedrejadas que foram perdoadas de seus pecados pois não atiraram a primeira pedra.

Os oprimidos foram aumentando a lista.

Os leprosos já não eram mais segregados nem os gentios.

As mulheres eram desprezadas formando uma minoria imensa com os estrangeiros e os pobres do Egito antigo à Grécia dos filósofos eruditos..

Então tinham os servos, e os pobres, e os órfãos, os idosos, os enfermos crônicos, as criancinhas, os negros, os homossexuais, os sem teto, os excluídos, os perseguidos políticos, os nordestinos, os analfabetos, então a sociedade percebeu que a lista dos perseguidos e dos carentes era interminável.

O que fez para resolver tanta carência?

Inventou a ideologia do gênero, do feminismo, do machismo, do comunismo, do excluído, do politicamente correto, do igualitarismo, do assembleismo, todo tipo de vitimismo e populismo, caudilhismo, protecionismo, coitadismo obcecado pela ideia de culpa e castigo, vieram a islamofobia, o sionismo, fascismo, nazismo, castrismo, nacionalismo, bolivarianismo, lulisno, varguismo, direitos humanos, antibelicistas, ambientalismo, ecologismo, veganismo, cristianismo, budismo e toda forma de autismo intelectual e moral, e formas discriminatórias de privilégios compensatórios.

O ensino da história tem suas sérias limitações que eu já estava ciente desde a minha infância.

O ensino de geografia atual foi sequestrado pelos dois piores tipos de militantes políticos que jamais se apoiam em conhecimento científico para poder alardear catástrofes marxistas para chantagear a população e os políticos com as suas previsões que na verdade são apenas profecias de caos e catástrofes inverossímeis.

Tão previsíveis quanto um terremoto, inundações, tsunami e explosões vulcânicas.

A história é apenas uma fração dos fatos cujo critério de registro é a sua relevância para a posteridade.

Os problemas para os historiadores e historiografia é destacar o que é relevante para quem, para quê e por quê.

Fatos e atos históricos são narrados nos noticiários sem parar, e a polêmica em torno disso nos faz acreditar que com toda a capacidade de gerar discussão ainda assim os fatos são apenas versões acordadas e consensos da realidade múltipla e subjacente por isso sempre sujeita a diversidade de leituras de acordo com a teleologia da classe intelectual hegemônica.

Nunca saberemos os fatos reais do onze de setembro de 2001; nunca saberemos da copa do mundo de 2014 do blackout da seleção canarinho; nunca saberemos da queda de Saddan Hussein e de kadaffi.

São apenas versões de pós verdades.

A geografia imersa em mensagens e catequização comunista sobre um mundo desigual e injusto, onde tudo está mal distribuído injustamente, onde um único país possui um terço das reservas de petróleo, o outro possui noventa por cento da terras raras ou de nióbio, outro é rico demais economicamente e outro somente miséria assim nesse mundinho certinho não existiriam o Himalaia porque é alto demais, inacessível para as criancinhas pobres ganenses poderem brincar e o Saara sem água para plantar arroz.

Que horror!

As ideologias que querem nivelar todo o universo jamais vão entender que para ter um planeta habitável precisa de uma estrela que parece um inferno! Bem no céu!

Sabem os advogados que a única história possível num auto criminal é aquela que se circunscreve às letras e palavras que estão registradas no papel, qualquer ilação fora dos autos não pertence ao mundo e esfera jurídica. Por isso a sentença de atém aos autos e a verdade única é aquela que pertence ao mundo jurídico. Nada pode desbordar dos fatos ali relatados nada absolutamente nada. A única história possível de um crime.

A pedagogia da punição

No Brasil está se implantando a corrente da Antipedagogia: a

Pedagogia da punição.

É uma corrente nova-velha que preconiza a correção punitiva pavloviana.

Em lugar de ensinar, de apoiar as instituições que instruem e que fornecem um treinamento social aos indivíduos, ela acredita que punir seja mais eficaz do que educar e compartilhar valores sociais em lugar do reforço às instituições sociais partilhadas e compartilhadas pela sociedade.

Assim, pretendem substituir a família, a igreja, as normas morais, e os costumes tradicionais por regras legais que adotam punições draconianas tão severas quanto sejam as ofensas praticadas contra minorias sociais.

As minorias seriam os alvos a serem contemplados pela expectativa de proteção oferecida pela nova pedagogia da dor.

Assim, pune-se o agressor homofóbico, o agressor machista, o agressor jornalista, o agressor pedófilo, o agressor motorista, o agressor antissocial de todo o gênero. Sumariamente.

Escolheu-se a punição em lugar do reforço social para enquadrar os comportamentos antissociais por que nas mentes autoritárias existe apenas alternativa da imposição de sua vontade e comportamento padronizado como única alternativa para enquadrar o diferente, o divergente e o excludente nas expectativas de uma sociedade monolítica, indiferenciada, do pensamento único hegemônico padronizado.

Todo e qualquer desvio de comportamento é percebido como uma grave ameaça social, como uma doença crônica e execrável, intolerável, inaceitável, por isso deve ser eliminado sem dar chance para recuperação, tratamento, reeducação. Apenas a punição é suficiente para estes casos.

As expectativas dessa corrente é a de um mundo sem mudanças sociais, sem conflitos, sem diferenças, sem tolerância. São autoritários e autossuficientes em sua sabedoria absoluta, não conseguem relativizar nem compartilhar valores sociais em sua clausura mental e intelectual. Acreditam-se portadores da verdade única. Nem se quer cogitam de alternativas de soluções para a sociedade.

Estes arautos da verdade espalham o seu evangelho da ideia utópica perfeita de uma sociedade perfeita sem nenhuma dúvida de que estão fazendo o melhor, por isso acreditam que as pessoas que discordam deles apenas ignoram a verdade, e não sabem o que é melhor para elas, por isso precisam tutelar toda a sociedade ignorante e mal informada, manipulada e alienada.

Não sabemos como descobriram estas verdades em

que acreditam, mas sabemos que não têm autocensura, altercensura, nem autocrítica ou altercrítica. Tal a certeza de suas convicções, irrefutáveis, tão certas que não buscam justificá-las, pois são verdades autoevidentes, tão claras e tão caras para estes arautos do novo –mundo-perfeito.

Acreditam que se eles não existissem o mundo já estaria afundado no caos mais completo. A sua missão de redenção do mundo justifica-se de qualquer falha, ou ato não ortodoxo, até mesmo atos extralegais e antiéticos, claro, dentro de suas éticas restritas e fechadas.

Em sua trajetória revolucionária, revisionista e renovadora da sociedade precisam agir rápido e sem a cautela de outros momentos, pois são os profetas e guias da humanidade, por que as pessoas que ainda não compreenderam a sua nobre missão um dia o farão, no futuro, justificadas pela legitimação dos resultados benéficos, certamente, que advirão para todos os cidadãos e para a sociedade, que, assim agradecida, seria recompensada pelo sacrifício presente e pelas incompreensões do presente momento de falsa abstinência da razão.

Estamos nos tempos de uma velha religião chamada

pensamento-único onde é proibida a divergência e a pluralidade. Não existe o multiculturalismo nem a tolerância contra a verdade original. Sãos os apóstolos e profetas do vale-tudo, não querem olhar para o passado e a História. Eles estão querendo reinventar o velho como se fosse o novo. Quem não estuda Filosofia comete e repete os mesmos erros. Por que não existe nada de novo para a Filosofia já faz 2000 anos...

Esse momento exige cabeça fria e análise de dados para se traçar a linha que separa o desespero e desalento; da sabedoria e da assertiva.

Por incrível que possa parecer o problema está bem localizado.

E é de longa e difícil compreensão.

Vamos lá, por etapas.

O criador da Sociologia Émile Durkheim ficou famoso ao estudar o suicídio.

Ele mesmo ficou surpreso ao descobrir as origens do suicídio egoísta pois havia outros dois tipos de suicídios: anômico e o suicídio social ou autruísta

Descobriu primeiro que a religião protestante possui o maior número de suicidas.

Surpreendente!

Então foi em busca do motivo.

As pesquisas sociais criminais mostrando coisas que sempre nos surpreendem.

Não gostamos desses dados.

 Muito menos das causas.

A maioria dos homicídios de pessoas casadas são produzidos pelo outro cônjuge.

A maioria dos estupros são causados por parentes e amigos.

Os negros são a maioria dos assassinados.

Mas, os negros são a maioria dos homicidas.

Como se vê o crime está equacionado estruturalmente; sabemos quem pratica e porquê.

A solução e o encaminhamento é que são os problemas.

Ele mexe contra as expectativas sociais e morais.

O lar é o inferno na terra? O lugar mais perigoso para se viver? As tensões domésticas são inevitáveis? A informalidade da vida doméstica afrouxa e relativiza os espaços de privacidade?

Não é o momento apropriado para nos dispensarmos.

A civilização está se desfazendo.

Os nossos inimigos quase nos derrotaram.

São os inimigos da tradição da nossa civilização.

O comunismo foi encurralado, mas, resiste vivo como um vírus atenuado, enrustido, recolhido, hibernando à espera da sua melhor chance que sem dúvida são os momentos de crise de penúria financeira para iludir as multidões com a falsa saída mágica e desesperada.

O comunismo é uma escravidão sórdida de uma elite política sobre toda população, totalitária e impiedosa.

A segunda ameaça é a cocaína, e seus equivalentes, o crack, a heroína e o êxtase e seus equivalentes respectivos.

Juntamente com o álcool fornecem o anestésico para as agruras diárias.

O problema das drogas ilícitas e daquelas drogas lícitas é a adicção.

Elas viciam e produzem a dependência e a decadência moral e física. Não fosse isso seria o paraíso na terra prometida.

Então vem a terceira praga moderna que é a autoextinção da nossa espécie humana deliberadamente executada.

As pessoas não estão se reproduzindo.

E o pior: estão se suicidando.

Países aboliram o casamento, substituído por uniões casuais, e casais homossexuais, chamados juridicamente de homoafetivos antes de serem constitucionais, por decisão incidental dos juízes do STF, sem respeitar a casa que faz as leis do País.

Assim, devemos unir as nossas forças sobre todas as divergências doutrinárias cristãs para salvação da humanidade que ainda resta.

A separar o homem da mulher na guerra de discurso sobre a violência contra a mulher, convenientemente se encaixa na pretensão de preservar a espécie humana pela redução populacional segundo alguns para meio milhão de pessoas que viveriam confortavelmente na terra apenas os ricos, segundo as propostas dos globalistas iluminatis.

Vivemos um novo cenário de um tipo ainda não dominante de guerra.

O tipo de guerra subliminar.

Esta nova arma de guerra foi cuidadosamente criada pelo pensador comunista chamado Gramsci.

É aquela tática de repetir o argumento aparentemente ilógico.

Pela estupefação que causa da redução ao absurdo, produz o choque pela violação psíquica reduzindo as defesas mental e psicológica pelo efeito da paralisação diante do paradoxo paradigmático.

Então, os sofistas usam da paralogia para conduzir seus argumentos através de um elenco sofístico provocando a contradição pela redarguição.

Esta guerra de palavras usa da dicção da grita sem se importar com os argumentos. Até levar o interlocutor à exaustão.

Então passa a incorporação dos argumentos contrários do próprio adversário para repetições de sua verbosidade erística agora sem resistência e sem o bloqueio intelectual anestesiado.

Duplipensar:

o trabalho doméstico é tão inútil, segundo as feministas, que a mulher só trabalha mesmo de verdade quando tem um trabalho fora de casa, quem trabalha em casa é sub cidadão, dona de casa, doméstica,mas.....

na hora de aposentar, aí não, trabalho de casa da dona de casa humilhada e desqualificada, sub utilizada e sem a dignidade do trabalho fora de casa conta muito, segundo as mesmas feministas este trabalho sem importância passa a ser trabalho como qualquer outro fora de casa, trabalho de verdade, tanto que a mulher com dupla jornada continua a morrer bem depois do macho, provando que o trabalho em casa é muito penoso, contradizendo a retórica das mesmas feministas que insiste em dizer que a mulher somente trabalha se for trabalho fora de casa.

Entendi.

E quanto ao feminicídio?

Diz a lógica feminista que se trata de assassinato apenas por ser mulher.

Entendi.

A mulher é morta independentemente por que é uma mulher.

Desconhecendo qualquer outra situação ou circunstância, seja autodefesa do macho, assalto, disputas materiais, disputas religiosas, nada, mas nada importa, a mulher é morta porque os homens apenas odeiam as mulheres e querem exterminá-las, é um argumento tão tolo, que se dissessem que feminicídio é um simples ato de se agredir a mulher enquanto ser humano frágil em situação de inferioridade seria uma ofensa às mulheres e à lógica feminazista que não admite essa inferioridade física imanente às mulheres, exceto no MMA, WWF, UFC, nas olimpíadas onde a mulher somente é igual fisicamente ao homem apenas na equitação, arco e flexa e no tiro al alvo.

Mundinho cão, cheio de contradições e muita estupidez politicamente correta.

A Maior Fraude Intelectual do Século XX

Qual seria a maior fraude intelectual do Séc. XX?

Como se pode fraudar toda uma civilização com um conceito sem comprovação factual no teste da História, na Sociologia, na Antropologia e na Geografia, sem medo de atropelar os métodos estatísticos e toda a metodologia investigativa?

Poderia se pensar que se tratasse de uma fraude religiosa?

Como se poderia construir uma releitura da História da humanidade com um conceito tão universal, absoluto, genérico, determinista como por exemplo insinuar e se imaginar que simultaneamente acontecera no mundo todo, em todo lugar geográfico e temporal um mesmo fenômeno cruel como se fosse, por exemplo, um fenômeno de uma única língua universal falada em todo o tempo da história da humanidade, em todos os pontos da geografia terrestre, em todas as culturas do mundo e ao mesmo tempo se tornasse durante milhares de anos um fenômeno naturalmente permanente?

Seria possível que tal fato ocorresse na humanidade durante mais de cinquenta mil anos de civilização e de pré civilização e que somente no séc. XX fosse percebido tal fenômeno?

Pela teoria da violação e contenção psíquica do inconsciente coletivo não existe saída possível para a prisão de consciência coletiva.

Este fenômeno é observado quando por exemplo dentro de uma prisão de consciência histórica não é dado para um ser humano enxergar outra possibilidade de se fugir do sistema feudal, uma vez que nunca existiu nem existirá outra alternativa ao sistema feudal seja para o servo, seja para o senhor, seja para o vassalo seja para o nobre, seja para o clero, uma vez nascido dentro deste sistema que durou 987 anos nenhuma chance teria o ser humano de mudar ou fugir de seu destino eterno enquanto vivo dentro da rede social. Durante a Idade Média tudo o que o ser humano deveria saber lhes era informado por um intercessor do clero.

Obedecer sem questionar, ouvir sem meditar, viver sem propósito outro que servir a Deus e ao seu Senhor, submeter-se às ordens feudais clericais e nobiliárquicas.

Era cumprir com todas as obrigações, casar-se com quem lhes fora determinado, viver sem razão e morrer pela Ordem social determinística.

Quantos que desafiariam aquela ordem social de dentro dela não sobreviveriam nem para o registro histórico, as lutas internas eram travadas para ocupar as vagas nos cargos vitalícios que eram criadas por morte ou falecimento dos seus ocupantes doadores de postos, ou pela fraude, ou pelo assassinato entre nobres e clérigos, assim se reproduzia a ordem feudal.

Na ordem feudal apenas um pequeno grupo de intelectuais da burocracia e os sacerdotes eram dotados do privilégio de examinarem os pergaminhos e assim passavam os segredos da escrita e da leitura para os seus herdeiros, um apenas escolhido para ser o aprendiz dos segredos dos pergaminhos, certamente um em cada vinte mil, cinquenta mil, ou cem mil indivíduos sabia ler e escrever.

Os pergaminhos eram escritos à mão e copiados por quem pudesse pagar somas estratosféricas pelos exemplares autênticos, assim a literatura antiga e medieval sobreviveu até o início da Renascença quando Gutemberg criou a primeira imprensa editora mecanizada na Europa, popularizando os livros para o Ocidente.

O mundo medieval era um mundo fechado em feudos, sem circulação de moeda, sem circulação de mercadorias, sem circulação de produtos, sem circulação de pessoas, sem circulação de ideias, sem circulação de novidades, então nada mudava naquele mundo.

Como poderia alguém produzir um comportamento diferente daquilo que era a expectativa do seu mundo limitado?

Como poderia um menino muçulmano pensar diferentemente das expectativas únicas que lhes foram apresentadas desde o seu pequeno e contingente mundo?

Fora do seu sistema de crenças este pequeno muçulmano não tem referências sociais, não tem família, não tem outras crenças, não tem amigos, não tem raízes e seria um estranho fora de seu mundo muçulmano.

Era um mundo sem noites, onde ao findar a luz do dia nada mais acontecia até que o sol voltasse a iluminar.

Era um mundo onde as notícias não circulavam em redes de rádios, jornais, televisão, internet, fax, somente cartas para quem sabia ler, onde as novidades eram anunciadas nas praças em voz ao vivo, por não existirem amplificadores de som, nem alto falantes, nem telefone, nem smartfones, nem redes sociais como o facebook ou whatsapp, como era difícil a comunicação naqueles tempos de transporte a navios a remo e vela, e carruagens a cavalo.

Assim, sem contextualizar e sem qualificar o tempo antigo e as dificuldades de circulação de ideias e de informações, um mundo onde a escola pública somente foi inventada pelos gregos somente quinhentos anos antes de Cristo apenas para 5% a 10% dos cidadãos que era uma categoria que excluía as mulheres, os escravos, os estrangeiros e os despossuídos.

Assim naquele mundo cego, surdo e mudo, onde os privilegiados eram as elites nobres, clericais e dos senhores de terras analfabetos como os demais, falar em discriminação apenas de gênero é uma extravagância intelectual, onde a escravidão e a servidão somente desapareceram da humanidade quando a força produtiva humana foi superada pelas máquinas a vapor e elétrica da Revolução Industrial da segunda metade do Séc. XIX na Inglaterra, depois na Alemanha e por fim o restante da Europa, mas mesmo assim a Revolução Industrial criou a servidão do proletariado industrial que somente teve os direitos trabalhistas reconhecidos com o Socialismo e o Marxismo revolucionário.

Karl Marx dedicou toda a sua vida a examinar a desigualdade e a injustiça social dos operários e camponeses na RI, mas nem ele (nenhum outro estudioso, homem ou mulher) descobriu ou questionou qualquer desigualdade de gênero na sociedade: sofriam igualmente os proletários, as proletárias, os operários e operárias nos centros industriais que transformavam a mão de obra aviltada em insumos industriais que a partir do exército de mão de obra ociosa extraía a mais valia do trabalho aviltado explorando inclusive e principalmente a mão de obra infantil e juvenil, impiedosamente, nas piores condições de que jamais sonhou um senhor feudal ou que imaginou um senhor de escravos.

Trabalhava-se sem interrupção até a exaustão, ou até que alguém adoecesse, morresse ou desistisse.

Assim foi o lado humano da Revolução Industrial em Liverpool ou qualquer cidade industrial europeia.

A Fraude

De onde se enxergou os privilégios de gênero que as feminazistas acusam o lado masculino da humanidade de lhes ter negado o espaço no mundo dito machista, senão pela própria inapetência da própria mulher gênero em disputar um espaço miserável nas favelas das fábricas de Liverpool, senão fosse a capacidade mais restrita de trabalhar 20 horas seguidas, que era a única exigência para se disputar um lugar na luta do trabalhador da cidade ou no campo, se ela poderia vender outro produto mais valioso do que a sua mão de obra?

A sua beleza, como sempre fez. Não fosse o testemunho de Taj Mahal, e outros testemunhos veementes e casos inolvidáveis da História, quase que essa peça de ficção sobre a desimportância da mulher que ganhou reverberação insólita e inexplicável, inusitada sobre a falsamente havida como a desvalorização do feminino na História da humanidade que quase destruiu de vez a relação entre as pessoas, independentemente do gênero politicamente correto.

Taj Mahal testemunha a paixão de um nobre Indiano por uma mulher, o amor tão grande que imortalizou a sua amada no mausoléu considerado como uma das oito maravilhas da arquitetura mundial. Construído entre 1630 e 1652 em Agra na Índia apenas para mostrar o imenso amor do Marajá Shahdjaham a uma única mulher da sua vida que amou mais do que a si mesmo.

Sua esposa favorita homenageada chamava-se Aryumand Banu Begam, a quem chamava carinhosamente de Mumtaz Mahal.

Outro caso evidente de amor insondável desencadeou a guerra do Tróia, mas faz parte mais da mitologia grega do que da História.

Ocorreu entre 1200 ac e 1300 ac.

A princesa Helena fora raptada pelos inimigos de Troia os Aqueus.

Aconteceu que estando em visita à Esparta, Páris filho do rei Príamo de Tróia se apaixonando por Helena resolveu raptá-la, então mais de mil navios foram enviados para resgatá-la.

Outros casos de amor histórico foram as odisseias de Nefertiti e de Cleópatra. Cleópatra seduziu um imperador romano, e ao mesmo tempo o faraó egípcio, ano de 50 Ac. Marco Antônio, o romano, e Ptolomeu XIII o faraó egípcio.

Antes de entrar em considerações sobre relações intergêneros é bom lembrar que somente tinha acesso à uma boa esposa quem pudesse pagar com dotes que variavam de acordo com a beleza da dama a ser conquistada.

Esse hábito, ainda muito comum na África, pode deixar muitos homens solteiros por não possuírem bens materiais para desposarem suas amadas, bens que podem ir de algumas reses até milhares de cabeças de gado, e milhares de hectares de terras. Onde andou aquele discurso nazista de que a mulher sempre foi um objeto sexual desprezado e menosprezado sem importância do mundo masculino, se os homens nunca foram trocados ou desejados como consortes a troca de bens para serem cobiçados, este privilégio sempre coube à beleza representada pelo ideal feminino?

Apenas do valor que dispunha o operário, que era a sua mão de obra aviltada era comprada por hora de trabalho febril, era vendida a única mercadoria de que dispunha o operário espoliado, segundo a linguagem marxista, o proletário era explorado pela mais valia do único insumo que interessa ao capitalista industrial ou capitalista rural: o seu tempo.

Foi nessa ocasião que mais uma vez a mão de obra masculina se mostrou mais produtiva que o sistema social passou a valorizar mais e a pagar mais pela aquela mão de obra em função da produtividade, com menos interrupções, maior força e mais capacidade laboral, era natural que as crianças e as mulheres fossem menos requisitadas no mercado de trabalho.

Aconteceu recentemente na China Comunista onde a restrição de um único filho por casal determinou naturalmente que os pais quisessem um menino em lugar de menina por este representar uma maior garantia de segurança para a velhice dos seus próprios pais.

Sem este discurso ideológico de gênero a sociedade através dos séculos acomodou os papéis sociais de gênero de acordo com as determinações socioeconômicas que historicamente e naturalmente em todo o canto determinaram um papel duplo para o sexo feminino no mundo laboral, nem inferior, nem superior, apenas papéis: o homem vendia apenas a sua mão de obra; a mulher poderia competir fazendo o trade off entre a sua mão de obra, ou, algo de maior valor do que a mão de obra: sua beleza.

Pelo maior valor a beleza feminina deixou em segundo plano no mercado de utilidades a sua força de trabalho feminina.

Apenas questão de custo benefício e custo de oportunidade, produto de oferta inelástica sem substituto e sem reposição.

A beleza feminina. Novamente veio resgatar a mão de obra feminina a tecnologia da terceira revolução industrial, onde o setor terciário isolou os fatores masculinos como a força e a resistência física como fatores determinantes da produtividade no mercado de mão de obra.

A telemática, os computadores, a organização, os sistemas de informações gerenciais e os serviços financeiros dominaram as principais atividades econômicas deixando aos setores secundários e primários da economia, com exceção do setor petrolífero, a primazia da locomotiva dos Estados modernos.

Assim, depois dois últimos século e meio de trade off entre a oferta da beleza feminina e a oferta da mão de obra feminina o discurso se acirrou em torno da questão do gênero, então veio a fraude intelectual grande qual seja de transformar uma escolha natural de mercado da mão de obra em uma falsa questão ideológica, como se uma conspiração de gênero por simples preconceito, chamado de machismo, quisesse excluir as mulheres da sociedade produtiva por simples desejo dos machos conspiradores.

Assim, se construiu a maior fraude intelectual que se não for detida em tempo presente o será irremediavelmente numa revisão histórica num futuro intelectual honesto, quando passado o momento de choque inicial desse momento de confusão e de dissimulação e vitimismo, a maior de todas as falsificações históricas intelectuais da humanidade no século XXI será reconhecida como: o feminismo, ou o feminazismo.

Antes da terceira onda de revolução a mão de obra masculina competiu sem competidores à sua altura, mas agora não: pela primeira vez na história da civilização não existe vantagens entre os gêneros.

Assim se esvazia o discurso feminista de ideologia de gêneros, uma vez que o efeito demonstração da mão de obra masculina, ocidental e branca dominou nas ciências, nas artes e nos desportos com a sua total hegemonia, e não apenas de gênero masculino: mostrou a sua superioridade étnica os habitantes das altas latitudes frias.

Com o capitalismo da terceira onda da revolução industrial, que corresponde às máquinas robotizadas, programadas, aos computadores, aos sistema econômico centrado no setor terciário, os serviços ganhado destaque na economia resultando na maior migração dos campos para as cidades, com o esvaziamento dos campos, com o deslocamento da mão de obra bruta para os escritórios, para as lojas, para os bancos, para o comércio, para o setor financeiro, para o setor de saúde, para o setor de educação, para o setor de lazer e entretenimento, para o setor das artes e cultura de massa, cinema, teatro, produções industriais de livros, música, revistas, jornais, moda, nunca o setor de serviço na história da humanidade foi tão hegemônico com os meios de comunicação de massa como a televisão, a internet, sufocando completamente os setores primários e secundários, exceto alguns poucos nichos como o setor petrolífero e a extração de pedras preciosas, e do ouro.

A terceira onda sepultou o setor industrial de mão de obra intensiva substituindo o trabalho humano por robôs, e a mecanização da agricultura ceifou o trabalho nos campos.

Neste momento regras legais foram criadas impedindo a mulher de serem soldados, de frequentarem escolas, de estudarem, de se autonomizarem o que foi um erro estratégico, mas apenas consagrou os costumes de mais de cinco milênios onde pareciam acomodados os papéis de gênero pela cultura humana, sem contestação, das mulheres abertamente, o que evidencia que: ou a mulher era indolente, ou a mulher estava plenamente satisfeita com a divisão social do trabalho social.

Exceções haviam-na: as mulheres gregas da ilha de Lesbos; tribos matriarcais em diversos continentes; as amazonas guerreiras; Joana D'Arc; Rainhas europeias Antonietas em Portugal, rainha Isabela de Espanha;

rainha Elizabeth em Grã Bretanha; princesas, rainha Vitória na Inglaterra; Faraós mulheres como Nefertiti e Cleópatra do antigo Egito. Nenhum estatuto impediu que estas mulheres fizessem o que fizeram ou o que foram. Não foi um privilégio.

O macho carregou a humanidade nas costas nos piores momentos da preservação da espécie humana garantindo a sua sobrevivência e prosperidade. Assim, a mulher despertou para o mercado de trabalho, mas o encontrou dominado pelos machos, nasceu neste momento o womem lib's, movimento de igualdade no mercado de mão de obra apenas no setor terciário, de serviços, uma vez que nunca houve reivindicação feminista para ocuparem os postos de trabalho do setor pesado, primário e secundário, ainda hoje se nota uma ausência barulhenta da reivindicação da mulher por estes postos de trabalho não apenas nos setores primário e secundário, como também nas áreas mais áridas do setor terciário se nota a ausência de reivindicações feministas nas engenharias, nas competições árduas dos esportes como o boxe misto (homem versus mulher), luta livre mista, motocross, motovelocidade, corridas de monopostos de alto desempenho como Fórmula um, Indy Car, e tanto quando se busque áreas de alto risco e grande energia física.

Por quê?

Nas altas latitudes nos países frios criou-se as condições geográficas para surgirem os ganhadores principais premiados nos Nobel em todas as categorias, e não excluem os gêneros apenas, excludente geográfica dos habitantes dos trópicos e do equador, indicando um determinismo geográfico.

A simplificação e o reducionismo ao fator gênero foi o maior de todos os erros ideológico das feministas porque não encontra nenhum respaldo na história a não ser na raiva e no rancor em não poderem explicar a indolência e o acomodamento delas mesmas aos fatores trade off de ofertas de comodidades em tendo que ofertar entre dois produtos concorrentes: a sua mão de obra ou a sua beleza feminina, as mulheres em sua maioria, não teriam a opção da beleza.

Por ter a beleza um valor muito acima do valor da mão de obra que pudesse oferecer, isto por si estabelece um trade off tendente a ser desequilibrado e radical, por isto mulheres inconformadas em não terem o fator beleza física ou não se dispor a oferecerem a sua beleza física no mercado de comodidades derivaram o vitimismo em relação à história sofrida dos machos que lutaram desde os tempos das cavernas pela sobrevivência da espécie dos homo sapiens, duramente lutando com espadas, lanças, arco e flecha, labutando com machado, marreta e com as mãos calejadas e feridas, e sem obterem ainda assim o reconhecimento das feministas tão justiceiras.

***beleza física significando:

a) atração física,

b) rosto bem equilibrado,

c) corpo esbelto,

d) atraente,

e) boa saúde,

f) cabelos bem cuidados,

g) boa fama,

h) juventude,

i) pele bem cuidada,

j) boa apresentação,

k) etiqueta social,

l) simpatia,

m) discrição,

n) delicadeza,

o) docilidade.

Moralidade

O que é moral?

Moral é um comportamento (ação, ou abstenção) conscientemente adotado diante de regras objetivas estabelecidas.

Tal comportamento moral nada mais é do que a interpretação diversa e pessoal, de cunho intrinsecamente subjetivo e consciente que modifica as normas de acordo com a conveniência pessoal de modo diverso das normas objetivas.

Desde o Mito da Caverna de Platão (Aristocles) ficou claro que o mundo é um conceito criado por cada indivíduo, dado que a percepção da realidade por cada pessoa depende da sua capacidade de compreensão e da sua apercepção da realidade.

Portanto a realidade é única para dado indivíduo.

Não existe o objeto concreto, real senão como uma representação do fato objetivo no processo subjetivo de reconhecimento do mundo.

Schopenhauer em seu livro famoso O Mundo Como Vontade de Representação, Kierkgaard, Husserl, Hidegger estes todos denominados fenomenologistas, incluindo Platão e Kant, controversamente expressa fenomenologicamente, ou seja, subjetivamente, do que eles discordam entre si dentro dos limites da interpretação e da reinterpretação subjetiva, do que representa para si da realidade e da Fenomenologia, termo somente revelado por Husserl.

Assim, o conceito de moral somente pode ser entendido como a internalização no sujeito das expectativas de comportamento em sociedade, ou seja: a sua visão utilitarista individualista e egoísta sob as quais se baseia o seu sistema pessoal de tomada de decisões.

Para se evitar esta liberalidade de interpretações sobre o que cada indivíduo deveria decidir sobre aquilo que é melhor apenas para si sem considerar as consequências fora de seu âmbito pessoal e que poderia contrariar os seus interesses particulares, então para que todos tenham os mesmos direitos e utilidades assegurados em conjunto, para que o coletivo ganhe em detrimento do sacrifício das prerrogativas de cada um em particular, surge a saída chamada Ética que é a prática coletiva e obrigatória que impõem a cada um dos indivíduos em particular a perda de parte de seus privilégios e a supressão de alguma prerrogativa ou a perda de parte de seus direitos para que a soma de todas as utilidades individuais não resulte em prejuízo coletivo.

Como cada indivíduo de per si seria incapaz de fazer este cálculo de utilidade coletivo a partir de sua visão particular do que seria uma vantagem apenas para si, as regras da Ética precisam ser acatadas a despeito do cálculo individual que cada um faria tendo em vista do sacrifício que teria que fazer para o bem que indiretamente lhes seja compartilhado no coletivo.

Este cálculo de utilidade não permite que um indivíduo egoísta reconheça claramente as vantagens para o coletivo, por isso as regras da ética são impositivas e geralmente impõem alguma desvantagem na entrada (meios) que se transforma em vantagem na saída (fins).

Na Ética os meios justificamos fins.

Nada pode ser bom se forem usados meios inaceitáveis eticamente.

Eu me pergunto como se sentiram os cristãos católicos e protestantes diante da realidade da escravidão do século dezoito.

Eram famílias de europeus brancos, rezando e fazendo as suas penitências e ordenanças rituais domingueiramente, ali contritos, rezando e orando, mesmo que naquele mesmo momento eram negados a mesma humanidade e o direito de culto aos seus escravos ali perto nas senzalas, nos depósitos de escravos, lhes era negada a dignidade de se vestirem, de comerem à mesa, de terem uma família, de se amarem, de casarem, de terem afeto, de terem sentimentos, eram corpos sem direito às suas religiões, a se casarem, eram ora mercadorias, ora bens de troca, vendidos e comprados como cavalos, eram examinados nus como quaisquer animais de trabalho.

Então a ética é uma circunstancialidade, que depende da convenção social temporal e geográfica?

Não existem valores absolutos para a ética?

Claro que existem os valores absolutos, e estes valores absolutos quais foram violados, são os: direito à vida, à propriedade privada, direito a autonomia, direito de escolha e direito à inviolabilidade pessoal.

Sempre existiram todo o tempo tais direitos desde que o sapiens deixou a caverna e iniciou-se na vida em conjunto, em grupos, em comunidades, em clãs, em sociedade tais direitos inalienáveis e inegociáveis sempre existiram desde então.

Ocasionalmente os esquemas sociais tentam flexibilizar tais direitos pelo uso da força coercitiva, através de guerras de dominação sobre outros grupos quando se impõem a submissão que se inicia pela escravidão, servidão sexual e pela tributação exclusiva dos povos e nações derrotadas em confrontos e conquistas de espólios da guerra e conquista.

Escravidão e servidão não foram atos inocentes nem foram atos contingentes, foram atos antinaturais e premeditados em quaisquer circunstâncias, por que não eram universais, excluíram os parentes, os membros mais queridos dos clãs, das famílias, da elite, eram castigos impostos aos inimigos e aos estrangeiros mal quistos.

A Igreja Católica Apostólica Romana não os possuía, mas não assumiu a condenação da escravidão negra.

Confissão tácita da consciência da maldade e da discriminação causada pelo sistema escravagista. Nem tudo aquilo que é acolhido e chancelado pela sociedade pode ser aceito como ético e moralmente correto.

São princípios invioláveis: a integridade física, a integridade mental, a integridade psíquica, a integridade sexual, a integridade emocional, a integridade da autoimagem, a integridade das crenças, a integridade cultural, a integridade étnica, a integridade da escolha, a integridade parental, a integridade da propriedade material, a integridade da propriedade intelectual, a integridade da propriedade artística-cultural, a integridade do domicílio, a integridade do uso do tempo, a integridade da atividade laboral, a integridade da atividade profissional e a integridade intelectual.

Esse é um caso de lei imoral porque os fins não justificam os meios, e os processos da lei maria da penha são extremamente imorais por violarem o princípio da igualdade de tratamento e demais alíneas do artigo quinto da CF88 e emendas constitucionais. Nada justifica corrigir a cometendo um erro maior que a ofensa que pretende reparar.

O Ocidente, em sua intolerância esclarecida contra outras culturas, finge digeri-las sem acatá-las, finge compreender sem aceitá-la, como fizeram os jesuítas com os silvícolas dos continentes Sul americano e Central.

Agora pergunte ao Vaticano se as missões evangelizadoras foram de fato civilizadoras, ou se fazendo a mea culpa admitiria o Vaticano que vilipendiaram e violentaram os silvícolas em seus satus de vida social, religiosa e cultural?

Quanto tempo mais vai custar para que os intolerantes percebam a sua intolerância diante da outra civilização que afronta os seus princípíos civilizatórios.

Assistimos aqui ou em qualquer parte do mundo, com exceções decimais, a intolerância dos homoafetivos contra a intolerância dos homofóbicos, ambos se acusando-se mutuamente de intolerância.

Cada um viola conscientemente os princípios religiosos, éticos e morais uns dos outros para garantir a razão de que o outro é aculturado, ultrapassado e incivilizado, ambos comportamentos sociais são antigos tanto quanto a prostituição, sendo de tempos em tempos execrados e tolerados, em ciclos históricos que atravessam a Idade Média, o Renascentismo, a Idade Antiga, e a Idade moderna e a Contemporânea.

Mutatis mutantis, nada é perpétuo porque os valores sociais não serão nunca valores absolutos, assim como os modelos de Estado e de governo, não são absolutos nem perpétuos:

a) liberdade,
b) democracia,
c) tirania,
d) capitalismo

   tudo passa, tudo se transforma em mil facetas em modelos combinados e mestiços de

a) democracia cristã,

b) democracia liberal,

c) democracia parlamentarista,

d) democracia direta,

e) democracia indireta,

f) liberalismo republicano,

g) liberalismo social,

h) liberalismo parlamentarista monárquico,

i) presidencialismo monárquico,

j) presidencialismo parlamentarista,

k) presidencialismo tirânico,

l) presidencialismo vitalício,

m) presidencialismo democrático.

Assim as variantes da verdade nos ensinam que os valores absolutos somente existem nas mentes dos radicais fundamentalistas da direita, da esquerda, dos capitalistas monetaristas radicais, dos liberalistas neoliberais, dos globalistas extremos, dos protestantes tão fundamentalistas quanto os islamitas extremados, nos indicando que a verdade pode estar bem no meio ou mais à direita ou mais a esquerda. Nunca saberemos isso.

"Início da sociedade: marcada como uma 'primeira revolução', a construção de abrigos e a constituição das famílias determinam o fim do nomadismo. A linguagem toma características tribais e esta foi uma época de relativa felicidade, com o aparecimento do

amor. Os males surgentes serão a vaidade e a comparação." Jean Jacques Rousseau – Discurso sobre as origens e os fundamentos das desigualdades da sociedade humana...

Os teóricos da Ciência da Economia construíram uma hipótese antropológica interessante sobre a origem da agricultura, da criação de animais domésticos e da criação em cativeiro de pequenos animais domésticos para o fornecimento dos alimentos.

Diz esta teoria que há cerca de 50 mil anos passados fora a fêmea do homo sapiens quem inventou a economia doméstica, a agricultura, a linguagem falada, a criação de animais domésticos, criou a casa, criou os primeiros móveis domésticos.

O macho homo sapiens nesta época não participava da vida doméstica, que era formada pelo grupo das mulheres, das crianças e bebês humanos. Sabemos disso com certeza porque somente nos últimos cinco mil anos a cultura humana começou a estabelecer a associação entre o sexo heterossexual e a reprodução.

Então o macho sapiens ignorava por completo a vida em família como conhecemos hoje, formada por um casal heterossexual como reprodutor da espécie humana.

Este fato é o fundamento da História da cultura humana.

Em sua solidão histórica, vagando pela natureza selvagem, passando cerca de nove meses prenha e tendo que cuidar da prole durante os períodos de puerpério tinha a fêmea sapiens a cuidar de si apenas as suas parceiras, já que o macho achava que nada tinha a ver com aquela situação embaraçosa em que as fêmeas humanas adultas sexualmente a cada nove meses andavam envolvidas.

Depois do período do pós-parto era longo o tempo de lactação do bebê humano. Solitariamente.

O sexo para o homo sapiens masculino era indistinto: homens, mulheres, velhos, novos, irmãs, tias, mães, avós nada escapava porque não se havia estabelecido os fundamentos dos laços familiares, porque o macho sapiens vivia caçando, viajando, nômade, e coletando alimentos de fortuna, em grupos de homens machos sapiens, às vezes retornando ao círculo onde nascera casualmente.

Como fixar o macho perto das fêmeas e segregá-lo do grupo dos machos, sedentarizando-o?

Este era o desafio das fêmeas sapiens.

Então, as fêmeas sapiens não podiam acompanhar constantemente os machos sapiens em suas jornadas de caçadas e coletas de alimentos de fortuna, porque estavam sempre prenhas, amamentando ou carregando as suas crias, suas tralhas domésticas, sem saberem quem eram os pais de suas crias, - se elas pudessem associar o ato sexual ao ato da gestação - espertamente as fêmeas criaram algumas táticas comportamentais que em conjunto tornou-se uma estratégia muito eficiente para resolver este problema:

a)   Inventaram o conceito de beleza feminina;

b)   Inventaram a família;

c)   Inventaram o amor;

d)   Inventaram a sexualidade macho-fêmea;

e)   Inventaram o casamento;

f)   Inventaram a fidelidade;

g)   Inventaram o lar;

h)   Inventaram a agricultura;

i)   Inventaram a criação de animais domésticos;

j)   Inventaram a Economia;

k)   Inventaram a propriedade privada;

l)   Inventaram a poupança;

m)   Inventaram as regras de moral e ética;

n)   Inventaram a religião;

o)   Inventaram a cultura humana;

p)   Inventaram o machismo, depois o feminismo

Com isso criaram atrativos para os machos sapiens se interessarem em permanecerem perto das fêmeas sapiens e das crias das fêmeas sapiens sem saberem que tinha participação genética naquele processo de reprodução, a priori, portanto, as fêmeas tiveram que criar muitos interessantes atrativos para que os machos trocassem a sua liberdade de bicho nômade pela sedentarização junto a uma prole que ele não assumiria como se fosse de sua cota genética.

Quanta engenhosidade feminina!

O conceito de beleza é uma invenção feminina, segundo o filósofo Rousseau, quando da pré-história a fêmea humana criou-o para se distinguir das outras demais fêmeas para prender e chamar a atenção do macho da espécie homo.

Acontece que o macho pré-histórico era nômade e promíscuo. Para o macho toda mulher era igual, sem distinção, qualquer uma serviria, a não ser por uma eventual doença ou velhice.

Não haviam sido ainda naquela época estabelecidas na cultura e na Biologia a co-relação de causa e de feito entre o sexo, o macho, gravidez e a reprodução.

Acontecia que as fêmeas, também promíscuas e infiéis como os machos, passavam por três ocasiões em suas existências em que precisavam da presença companheira que eram no momento final da gravidez, no parto, e na fase de aleitamento das crias, quando precisavam ser auxiliadas no parto e na fase pós-parto para cumprirem as suas atividades.

Assim a fêmea precisou inventar a família, e consequentemente o amor moral, enquanto o macho somente conhecia o amor físico, sexual, casual.

Então a fêmea inventou a beleza, começando a se enfeitar para atrair o macho e sedentarizá-lo, para ele sempre se lembrar daquela fêmea, mostrar que ela era diferente das demais fêmeas, bonita, usando adornos, cuidando dos cabelos, chamando a atenção para partes do corpo e para a sua identidade que era principalmente o seu rosto, começando assim uma competição com outras fêmeas pela atenção do macho.

As fêmeas passaram a verificar as coisas que atraíam mais os machos em seus corpos para destacá-las, e a esconder as partes consideradas menos atrativas, para criar laços afetivos e morais.

Assim fora inventado o conceito de beleza.

Que engenharia!

A mulher inventou a família, o amor moral, a beleza, a monogamia, o ciúme, para manter a exclusividade e a fidelidade do macho através do afeto.

A mulher, para fugir do esforço da caça, domesticou os animais que serviam de alimento; para fugir da coleta de alimentos enterrou e transplantou alguns vegetais e percebeu que poderiam viver e crescer, inventando assim a agricultura e economizando caminhadas pelas paragens para coletar alimentos.

Os machos em suas caçadas precisavam do fator surpresa, por isso mal emitam ruídos que pudessem afastar as presas. Ao contrário, as fêmeas sapiens precisavam se comunicar constantemente, permanentemente, continuamente, então inventaram a fala, a linguagem falada.

As mulheres estabeleceram as primeiras regras de moral para organizarem o acesso ao novo brinquedinho sexual feminino, para isso veio de brinde a invenção da sensualidade feminina, ao contrário do folclore sobre o tacape e o estupro masculino, agora a mulher virou uma commodity sexual e precisava valorizar o acesso a ela com regras que permitiam e proibiam o sexo entre parentes, entre homens, entre mulheres e com as crianças.

Estava inventada a moral, a tradição, a Ética, então a religião foi o passo seguinte.

A mulher vivia em uma situação privilegiada na era pré-tecnológica, quando o trabalho significava quebrar pedras com marreta, não como o é agora, quando se trabalha atrás de um teclado de computador ou num caminhão com câmbio automático e direção hidráulica que até um tetraplégico consegue dirigir.

A mulher inventou o machismo para o macho nem desconfiar que era ele o escravo do trabalho: caçar, matar, fazer tudo pela família em troca da glória, caso contrário, não mereceria o título de macho forte, valente, poderoso.

O Psicologismo de Rousseau, em seu **'Discurso Sobre a Origem das Desigualdades Humanas'**, faz um ensaio sobre o processo de formação do Estado liberal referido ao valor da propriedade privada e ao contrato social que fundou o Estado liberal.

O marco da criação da sociedade e do Estado liberal, para Rousseau, foi quando surgiu a diferenciação de classes sociais, que foi o momento em que a fêmea sapiens passou a ser agricultora começou a acumular, ou guardar para uso futuro, o produto de coleta e agricultura, formando um primeiro patrimônio.

A partir do momento que o casal humano de macho e de fêmea sapiens deixou de ser nômades, e cercou / delimitou um pedaço de território para si e disse "isto é meu" então surgiu ali, naquele momento, a sociedade liberal, surgiu o Estado liberal fundado no reconhecimento da propriedade privada por uma autoridade criada para cuidar do direito de propriedade.

Segundo Rousseau a sociabilidade do homem não é uma habilidade ou característica natural; o estado da natureza caracteriza-se pela suficiência do instinto selvagem, ao contrário o estado de sociedade que caracteriza-se pela suficiência da razão iluminista, positivista, acima do instinto.

O homem natural é amoral, não compreende vícios nem virtudes, não precisa da sociedade nem do Estado.

O princípio da sociedade, e, dos vícios, surgiu com a posse de bens, ou seja, quando foi declarada a primeira propriedade privada, quando surgiu a diferenciação entre pobres e ricos, entre proprietários e não-proprietários.

Nunca houve na história humana o tal genocídio feminino como tenta provar a Maria da Penha e todas as feministas militantes.

Houve o genocídio nazista contra judeus. Genocídio
cristão e muçulmano nas Cruzadas e Inquisições.
Genocídio de povos em guerra, genocídios de
indígenas, genocídio de negros, genocídio de bósnios
em Srebrenica e Saravejo pelos sérvios, mas nunca
houve um genocídio de gênero feminino na história
humana.

O ÁLIBI

Mulheres sensatas não culpam os homens por uma
hipotética e improvável situação de opressão machista.

Pergunte-se: porque somente agora as mulheres se
descobriram oprimidas pelo machismo?

Pergunte-se se existiu algum fato na História da
humanidade que comprove que o machismo existiu?

Reivindicar reparações pesadas contra a pseudo-
discriminação machista é mais absurda do que
reivindicar a reparação pelos ex-escravos negros
sequestrados da África. Quem executaria tal cretinice!
Quantos erros históricos jamais serão compensados?

A Guerra dos Cem anos?

O Descobrimento do Brasil e o massacre dos indígenas?

A invasão napoleônica a Portugal de Don Manuel?

O apartheid da África do Sul?

o esbulho espanhol do ouro dos maia, inca e asteca que durou 300 anos de pilhagem e o massacre destes povos?

Mas, as femininas criaram o mito do machismo e estão ganhando compensações legais por algo que nunca foi provado e nem foi demonstrado com fatos e evidências: o mito do machismo.

Os machos são extremamente violentos, morrem assassinados a uma taxa dez vezes maior do que as mulheres são assassinadas, os negros a uma taxa vinte e duas vezes maior do que as mulheres, os gays masculinos são assassinados a uma taxa, - proporcionalmente ao número de gays - 660, vezes maior!

O macho está sendo acusado pelo seu sucesso evolutivo dos últimos 150 anos, pois nos anos e séculos anteriores ser macho foi um fardo insuportável diante das vantagens em ser mulher.

Até há duzentos anos atrás a sobrevivência da espécie humana esteve dividida entre o papel do macho e o papel da fêmea humanos. A fêmea cuidava da prole e da subsistência doméstica e o macho caçava, lutava, trabalhava com as ferramentas que ele mesmo elaborava.

O trabalho era tão penoso que a humanidade vivia escravizando povos mais desorganizados e civilizações menos providas para explorar as poucas fontes de energia disponíveis.

Depois de muitos milênios cortando árvores, quebrando pedras, arrastando e empilhando massas, o macho inventou as máquinas para ajudá-lo a trabalhar com menor esforço físico e mental.

Foi somente com a descoberta pelo macho da eletricidade, da roda, do parafuso, do plano inclinado, da alavanca, da roldana, do machado, da Geometria, da Química que foi possível substituir o trabalho escravo pelo trabalho das máquinas.

Então a Inglaterra que fez a Revolução Industrial e por interesses comerciais foi a primeira a combater a escravidão humana para espalhar as suas máquinas-avapor pelo mundo.

Onde esteve a mulher todo este tempo, em que as guerras eram olho-a-olho enfiando a espada e a lança no ventre do inimigo e carregando o mundo nas costas e no lombo dos animais?

Respondo: sendo explorada pelo machismo, em casa, cuidando dos filhos e da alimentação enquanto o macho opressor carregava o mundo com lágrimas, suor e sangue.

O trabalho humano mudou muito hoje. Não existe a dependência da força bruta humana, as máquinas fazem quase tudo.

É este o mundo que as feministas reivindicam. Um mundinho sem trabalho braçal, sem sacrifício e sem suor.

Para justificar a sua histórica lerdeza e completo alheiamento, alienação, desinteresse, inaptidão para o trabalho penoso e árduo na história da civilização, a mulher vem agora culpar o macho por não ter participado deste processo de progresso.

A mulher foi durante milhões de anos privilegiada sendo

poupada de todo o labor árduo e perigoso, foi protegida e sustentada pelos trabalho masculino pesado.

Até hoje a mulher ainda foge do trabalho pesado e das áreas duras e perigosas (Fórmula 1, motocross, Engenharia Elétrica, Surf, paraquedismo, Engenhara Mecânica, Física).

Agora que o trabalho humano é exercido e desenvolvido atrás de uma máquina ou computador, quando até um paraplégico consegue dirigir uma carreta, um navio, um avião a mulher se apresenta toda faceira arrogando a sua condição de igualdade ignorando que o macho nunca foi nem será o seu algoz.

Exigimos pedidos de desculpas às feministas, por essa falsa acusação.

O Machões.

O macho está em extinção

Não é o que você está pensando.

Não é guerra dos sexos.

O macho é violento. Violento demais.

O macho está causando a sua própria extinção.

Normalmente nascem cerca de 51 bebês do sexo feminino para cada 50 bebês do sexo masculino.

Em algumas cidades, como em Salvador na Bahia, depois de dezoito anos, destes 51 bebês do sexo masculino nascidos estão vivos cerca de 40 machos, e todas as 51 meninas. Dez homens morreram pela violência.

Na outra cidade baiana de Eunápolis, a cidade brasileira com a mais alta taxa de violência juvenil do Brasil, a estatística fria esconde uma outra verdade: são os jovens negros que estão sendo dizimados. Não existe nenhum homem com nível superior em Eunápolis, as faculdades de Eunápolis têm 100% de mulheres matriculadas, existe nenhum homem matriculado em quaisquer dos cursos superiores ali.

São dados do IBGE.

No Rio de janeiro, são 87 machos para cada 100 mulheres aos dezoito anos de idade, quando nascem cerca de 102 meninas para cada 100 meninos.

Se as mulheres de verdade estão preocupadas pela preservação da espécie masculina, pensem bem: nas estatísticas de mortalidade violenta, morrem no Brasil cerca de 29 pessoas assassinadas para cada 100 mil habitantes, em média, nos lugares mais violentos este número é de 39 assassinatos para cada cem mil habitantes (Em Maceió são 91 homicídios para cada cem mil habitantes, 90% deles são de homens), sendo que são assassinados cerca de 28,6 machos para cada grupo de cem mil habitantes e cerca de 1,4 mulheres são assassinadas para cada grupo de 100 mil habitantes.

Ainda mais chocante pensar que morrem cerca de 2 homens negros assassinados para cada homem branco assassinado no Brasil.

É um genocídio racial. Etnocídio.

Para cada mulher assassinada onze homens brancos são assassinados e cerca de 22 homens negros são assassinados (0,9 gays serão assassinados no mesmo intervalo de tempo - *6% da população gay*)!

Se considerarmos que no Canadá são assassinados 1,9 pessoas para cada 100 mil habitantes e que na Noruega ou na Dinamarca são assassinadas 0,9 pessoas para cada 100 mil habitantes, infelizmente o número de mulheres assassinadas no Brasil para cada 100 mil habitantes é um número perfeitamente civilizado para o padrão de mortes em geral do Canadá, e apenas o dobro da Noruega ou Dinamarca, sendo que o número de negros assassinados no Brasil é cerca de mais de cem vezes maior!

Quem é a maior vítima da violência no Brasil: respondam mulheres, antes de começarem uma campanha contra a violência que nem de longe se aproxima de um genocídio.

Salvem os negros!

Salvem os machos!

Depois salvem as mulheres, Maria da Penha!

Políticas públicas desfocadas significam desperdício de recursos públicos. Políticas públicas não deveriam ser resultado de espasmos responsivos, e apenas satisfação pública à histeria coletiva. Alguém no Governo deveria ter a cabeça fria o suficiente para se deter diante de uma tragédia e parar de agir apenas responsivamente e fazer uma coisa no Brasil que quase nunca mais se fez depois de Roberto Campos:

planejamento, obviamente seguido de estudos, seu companheiro inseparável.

Assim, por causa destas distorções vimos o surgimento das cotas raciais, depois ampliadas para cotas sociais, vimos o surgir das políticas de bolsas escolares, depois ampliadas para bolsa família. De soluço ou solução meia-boca em solução meia-boca vamos engatinhando para as verdadeiras respostas.

Enquanto o homicídio das mulheres é de apenas 10% do total de homicídios o Governo não implementa uma política de segurança para o restante dos assassinatos de homens que são de apenas 90% do total, prefere responder à histeria feminista com a Lei Maria da Penha diante do genocídio masculino de 90% dos machos, sendo que o crime maior de todos é o extermínio dos negros que são assassinados em número de 90% a mais do que os brancos. Isto sim é política pública de segurança, e não esta propaganda enganosa, distorcida, falsa, preconceituosa, caluniosa, manipuladora e mentirosa.

Portanto, a desigualdade é quase nula no estado da natureza selvagem (estágio pré-socializado) do homem, as desigualdades resultaram da sociedade, das interações sociais; quando se fala em sociedade, fala-se em desigualdade, fala-se em pobreza e em riquezas, segundo Rousseau.

"Repita uma mentira muitas vezes e ela acaba se tornando uma grande verdade", Goebels, ministro da propaganda de Hitler!

Leis de exceção no Brasil desvirtuam a estratificação étnico-sexual-etário-geográfica

Políticas públicas desfocadas significam desperdício de recursos públicos.

Políticas públicas não deveriam ser resultado de espasmos responsivos, e apenas satisfação pública à histeria coletiva. Alguém no Governo deveria ter a cabeça fria o suficiente para se deter diante de uma tragédia e parar de agir apenas responsivamente para fazer uma coisa no Brasil que quase nunca mais se fez depois da era de Roberto Campos: planejamento, obviamente antecipado de estudos, seu insumo, requisito e companheiro inseparável.

Assim, por causa destas distorções político-estatísticas vimos o surgimento das cotas raciais, depois ampliadas para cotas sociais, vimos o surgir das políticas de bolsas escolares, depois ampliadas para bolsa família. De soluço ou solução meia-boca em solução meia-boca vamos engatinhando para as verdadeiras respostas.

Enquanto o homicídio das mulheres que é de apenas 10% do total de homicídios o Governo não implementa uma política de segurança geral para o restante dos assassinatos de homens que são "apenas" 90% do total, prefere-se responder à histeria feminista com a Lei Maria da Penha diante do genocídio masculino de 90% (do total de genocídio) nos machos, sendo que um dos maiores é o crime do extermínio étnico dos negros que são assassinados em número de 90% a mais do que os brancos. Isto sim seria política pública de segurança, e não esta propaganda enganosa, distorcida, falsa, preconceituosa, caluniosa, manipuladora e mentirosa.

O governo federal em 13 de março de 2013 lançou um programa para eliminar a violência contra a mulher ao custo de R$ 265 milhões para o período de dois anos para construirem-se em todas as capitais brasileiras casas ao custo unitário médio de R$ 4,3 milhões as "Casas da Mulher Brasileira" com tolerância zero.

Baseados nos dados de que houve no Brasil no ano anterior cerca de 70.200 casos de violência contra as mulheres, o que dá o indicador estatístico de 0,368 casos de violência para cada cem mil habitantes.

A diferença entre este número e o indicador de violência na cidade de Maceió que foi de 91 assassinatos (e não apenas violência) geral por cem mil habitantes explica melhor o que pode fazer a histeria nas políticas públicas despropositadas e desproporcionais!

Obviamente que este índice (0,3689 por cem mil habitantes) dificilmente será baixado, pois está abaixo do índice de violência de países como Dinamarca, Suécia e Finlândia!

I - Quanto custa uma boa esposa?

Qual seria o preço de uma esposa como Michelle Obama, esposa do Presidente dos Estados Unidos da América do Norte, Barak Obama, ou, o valor monetário de uma esposa como Hillary Clinton, esposa do ex-presidente dos EUAN, Bill Clinton?

Se pudessem voltar no tempo certamente que o arrependimento de terem casado com esposas que deixaram enormes prejuízos materiais, financeiros e emocionais, em outros casos, falências, e no limite a morte ou caminhos que conduziram à morte indiretamente, por que estas essas funestas companheiras cruzaram em suas vidas como um acidente, para os seus maridos e parceiros azarados.

O que faria o ex-prefeito de São Paulo, Celso Pita, se pudesse voltar no tempo à data de seu casamento com a sua ex-mulher Nilcéia Pita; o mesmo fariam se soubessem antes o aconteceu depois, por certo não se casariam também Dudu Nobre com Adriana Bom-Bom, Seal com Heidi Klum ou Romário.

A ideia principal neste estudo não é a de se avaliar o aspecto sentimental ou psicossocial do casamento, mas tentar estimar o valor econômico-financeiro de uma esposa efetiva, eficaz e eficiente através da análise de risco do casamento de forma objetiva, para responder à pergunta: quanto vale uma esposa?

Ao se analisar o enorme prejuízo patrimonial, profissional ou político causados por uma parceira de risco, que do contrário deveria proporcionar cooperação e colaboração, vem em contrapartida trazer azar, então vamos comparar e identificar as candidatas à esposas que produzem um potencial de qualidades para chegar-se a uma cotação estimada financeiramente de uma parceira valiosa.

Assim, uma esposa como Michelle Obama, ou Hillary Clinton, ou como a Srª Bill Gates, ou como a Srª Bárbara Bush. Quanto valeria cada uma destas preciosas esposas?
Certamente que essas jóias valem algumas dezenas e até centenas de Milhões de dólares americanos, (Dezena de bilhões no caso da Srª Bill Gates).

Quais são os parâmetros para se avaliar os quesitos de precificação de uma esposa eficiente? Qual é o valor monetário de uma preciosidade identificada como uma valiosa parceria é o que se vai tratar daqui por diante.

II – Primeira Parte
A Análise de Risco

O método de análise de risco será aqui utilizado considerando o elenco de fatores de risco em uma candidata através das respostas objetivas colhidas para estabelecer uma valiosa esposa de acordo com a pontuação baseada no questionário objetivo de fatores de risco. Esta pontuação será ponderada por outro questionário de perguntas de controle baseado no questionário de risco.

IV – Conclusões:

Quanto Vale Uma Boa Esposa

uma boa esposa vai render muitos anos de um bom casamento ou de uma relação estável proporcionando:

a) Apoio emocional;

b) Apoio material;

c) Apoio financeiro;

d) Impulso na carreira;

e) Progresso patrimonial;

f) Paz e tranqüilidade.

Como Precificar Uma Esposa?

Caso o resultado dos questionários de avaliação de risco seja positivo com baixo ou nenhum risco o que se deve fazer é somar os patrimônios e os rendimentos do casal acumulados ao longo da relação, anualisando a renda mensal.

Após "x" anos o montante apurado representa o patrimônio do casal; assim, o valor da esposa é o valor igual a no mínimo a 50% do montante apurado.

Uma excelente esposa ou parceira de classe econômica baixa pode representar ao longo de dez anos um preço de no mínimo R$ 240 mil;

Uma excelente esposa ou parceira de classe econômica média pode representar ao longo de dez anos um preço de no mínimo R$ 600 mil.

Uma excelente esposa ou parceira de classe econômica alta pode representar ao longo de dez anos um preço de no mínimo R$ 2.400 mil!

Uma esposa como Michelle Obama vale em dez anos de convivência com o seu marido famoso Barak Obama mais de US $10 milhões norteamericanos!

Tabela de referência de renda anual

Classes econômicas Renda anual em R$ mil

Baixa 24

Média 60

Alta 240

V – Esposas Desastradas

Merece uma teoria à parte este comportamento cada

vez mais comum.

Não desanime ao procurar uma boa esposa. É que ninguém te disse que isto é hoje um trabalho extenuante e pouco profícuo. Elas, as boas esposas, e as boas mulheres, estão em extinção.

Justamente no momento de inflexão da civilização quando praticamente todo o trabalho físico humano poderia ser totalmente substituído pelas máquinas informatizadas, por robôs, como por exemplo, já existe há mais de duas décadas indústrias sem uma única alma, como uma manufatura de trem-de-pouso de avião na Austrália, sem uma única presença humana e comandada à distância do centro de controle da Boeing em Seatle nos EUAN.

Outros exemplos: a sonda interplanetária Curiosity pousou no solo do Planeta solar Marte automaticamente, por que os sinais de rádio que poderiam controlá-la não chegariam até lá em Marte em tempo de monitorar e controlar o pouso, monitorar as manobras de aproximação e pouso por que estes sinais viajando à velocidade da luz chegariam até a espaçonave com um atraso de mais de dezesseis minutos!

Até mesmo o trabalho intelectual humano está em crise. Os sistemas informatizados geradores de códigos de programação substituem e em alguns casos superam a capacidade humana intelectual e física, como os sistemas chamados "case" que projetam, escrevem, documentam, analisam e implantam sistemas de informação inteiros computarizados em rede codificados em PHP, Oracle, Java, Javascript, melhor do que quaisquer analistas de sistema ou programadores de computadores humanos poderiam fazer!

Os sistemas CAD Computer Aided Design fazem projetos de engenharia com uma perfeição que ultrapassam o mais habilidoso projetista humano.

O que quer dizer isso?

Significa que após mais de oito mil anos de total ausência do gênero feminino durante as conquistas científicas e tecnológicas da civilização humana, quando o gênero macho esteve no protagonismo criando todas as ciências e 99,9999% das patentes, invenções e descobertas científicas e históricas, obras de arte, então diante da total ausência do outro gênero, que a tudo assistiu passivamente, vem, agora, no apogeu da hegemonia da humanidade ante o advento das máquinas inteligentes, disputar o espólio da decadência da humanidade, traduzido na conquista que se resume em trocar o papel de dona de casa pela ocupação fora de casa.

Seria essa a maior conquista das mulheres? Trocar a estreiteza da perspectiva da vida do lar pela estreiteza da perspectiva da vida subordinada ao sistema escravagista disfarçado em trabalho assalariado para a maioria dessas novas trabalhadoras?

Esta será a quadricentésima vez que leio um manifesto feminista e reproduzo este excerto sem ainda lograr uma refutação a altura! Aqui vai:

"Bem que eu exultaria em concordar que a mulher chegou lá! Adoro torcer pelos oprimidos, até por solidariedade mecânica, pois sou negro e sei o que é isso.

Os politicamente inocentes criaram um falso clima de que a mulher finalmente chegou lá! Quem dera que fosse verdade! Nós os negros e as mulheres temos uma enorme caminhada a percorrer para provarmos a nossa competência diante da dianteira do homem branco ocidental.

Os homens criaram praticamente tudo que existe na vida moderna sem permitir a menor participação feminina, pois criaram, entre outras coisas: Submarino; Navio a vapor Aviões Automóveis Computador Sistemas Operacionais digitalizados e analógicos para dispositivos computadorizados Helicópteros hélice Geradores elétricos Solda Elétrica Caneta esferográfica Máquina de lavar roupa Secadores de cabelo Chapinha elétria de cerámica Microprocessadores de semicondutor Inventaram, descobriram a Física, Química Matemática Geografia Filosofia Psicologia Medicina Antropologia Sociologia Astronáutica Astrologia Engenharias e enfim, não deixaram quase nada para as mulheres descobrirem ou inventarem. Este fato deixou as mulheres em uma situação tal que as mesmas encontram-se sem condições de provarem as suas qualidades intelectuais por total ausência de qualquer oportunidade deixada pelos machos.

Não existe nenhum fato histórico comprovando a teoria de que o homem oprimiu historicamente a mulher deixando-a neste estado de total submissão e desimportância tal que precisou de um movimento internacional de libertação e liberalização. Seria uma conspiração machista transnacional e intertemporal em uma época em que os continentes nem se imaginavam as existências uns dos outros, nas eras de pré colonização (pré-colombiana) e pré descobrimentos das Índias, Américas e África; quanto devaneio..!

Para alcançarem os melhores postos do mercado de trabalho que realmente contam e que valem a pena nessa troca de ocupação, a mulher precisaria ser o seu próprio patrão, ou ser o seu próprio chefe. No primeiro caso, precisaria de capitais financeiros; no segundo caso precisaria de capital intelectual. Nos dois casos precisaria optar entre a maternidade e a atividade profissional fora do lar.

Assim, a maternidade ficaria adiada ou excluída, ou suprida por outra mulher: a babá doméstica.

Com tantos percalços no caminho de seu sucesso no mundo do trabalho fora de casa, o gênero feminino, a par de descobrir a selvageria da competição do mercado de trabalho, tem ainda a enfrentar como segmento minoritário, todos os preconceitos e expectativas minimizantes do mercado profissional a respeito de sua capacidade ainda não cabalmente testada e comprovada em áreas onde está ausente, como nas competições automobilísticas, motociclísticas, nas áreas de engenharia, enfim nas áreas consideradas "duras" da atividade humana, como sempre o fez ao longo da História, quando o macho do gênero quebrou pedras e fez guerras com a marreta e a espada, antes das invenções da britadeira e do míssil guiado, computadorizado, furtivo e inteligente.

Então existe uma guerra não declarada entre os gêneros. O mercado de privilégios é do tipo soma-zero. Para um novo membro ser admitido na elite alguém vai ter que ceder o seu lugar no topo ao intruso invasor. E esse lugar esvaziado é o do macho.

Cada vaga nova preenchida nos tribunais superiores por uma mulher representa um macho a menos nas cortes jurídicas.

Teorias noviças sugerem com o aval científico proclamar a superioridade intelectual ou emocional do gênero feminino.

Só não explicaram por que a fêmea humana teve que esperar milhões de anos para demonstrar a sua superioridade, o que por si só mereceria uma séria avaliação psiquiátrica, psicológica ou psicanalítica!

Mas, a vitimização do segmento feminino tem obtido sucesso político na construção ideológica do feminismo androfóbico no mundo ocidental, em favor da mulher, sobre o sentimento de culpa do macho, por milênios de opressão sobre as mulheres.

A Lei Maria da Penha criminalizou o comportamento masculino e transformou o procedimento de exceção em regra, transformando o afastamento preventivo do parceiro do lar em um divórcio de fato, um banimento sumaríssimo incondicional, radical, draconiano dos seus bens móveis antes mesmo da formalização do processo de separação e sobrestando qualquer acordo preexistente à união, violando os princípios constitucionais do devido processo legal, da ampla defesa, da presunção da inocência.

Isto é uma vitória estrondosa desse feminismo!

O macho é violento.

O maior e o único agente da História da humanidade é dominador, aventureiro, empreendedor, desbravador, o macho, que é também o protagonista das maiores violências contra toda a humanidade.

Por que somente a mulher é protegida excepcionalmente da agressão do macho?

A mesma intensidade e radicalidade desta proteção da Maria da Penha não é prevista para proteger e estender a preventiva da violência do macho contra outro macho, ou contra a criança, ou contra o idoso, ou contra o portador de deficiência.

Por quê?

Este fato explicaria o sucesso da militância feminista em seu projeto de cerco e rendição do macho e a sua redução ao papel de coadjuvante, antes destinado e ocupado pela fêmea da espécie.

Diante desses fatos, a escolha de uma esposa errada pode trazer para o lar a pior inimiga, o pior pesadelo!

Estamos em guerra, e em uma guerra é boa estratégia conhecer e estudar os planos estratégicos e os movimentos táticos do inimigo, conhecer o seu arsenal e os seus objetivos militares.

O objetivo do feminismo é a total submissão do macho, cujo projeto encontra-se em estágio muito avançado em países como: Finlândia, Noruega, Suécia, Dinamarca, Islândia e Canadá; encontra forte resistência em: Rússia, Alemanha, Brasil, EUAN; encontra-se incipiente em: Espanha, Portugal, Itália, Continentes Africano, Asiático e no Oriente Médio.

Uma verificação da humilhante condição do macho nos países nórdicos é um bom indicativo de para onde caminharia esta estratégia: o fim da família, a diminuição da fecundidade, consequentemente, a diminuição da população humana, baixa produtividade científica. Seria um risco à sobrevivência da espécie humana!

Em troca de uma migalha sexual, carinho mitigado e carência de atenção por um custo fixo elevado, e custo variável ilimitado, assim são os casamentos em 90% dos casos, que se transformaram em uma forma civilizada de "estelionato sexual", que obriga o macho a aceitar o financiamento da decadência física de sua outrora musa, agora envelhecida, flácida, decaída, reclamando cada vez mais de quase tudo, ciumenta, possessiva, castradora e vigilante de seu patrimônio, esperando a primeira ocasião para propor um gordo acordo de divórcio remunerado regiamente para o resto de sua vida assexuada e ociosa. Este é o plano de 80% das esposas androfóbicas feministas.

O feminismo é cria da androfobia inconfessa das mulheres que buscam um reparo histórico da desigualdade de gênero que supõe ser culpa unicamente do macho.

A Realidade Feminina

A realidade como se apresenta para a cognição da mente feminina se reduz a uma vontade de ver a representação dos fatos e dos objetos como uma síntese entre o subjetivo e o objetivo.

Por mais visível e real que seja este mundo a existência dele depende unicamente da consciência de sua existência na mente e nos olhos daquele que o vê, neste caso, na mente feminina a representação da realidade fica descolada e deslocada em seu mundo onde a coisa-em-si não se representa sem a interpretação necessária e é guiada da vontade de representação da realidade que é a força vital nas mulheres.

Desta forma as aparências têm uma força iconográfica insuperável.

Quando uma mulher usa um sapato de salto alto de uns dez centímetros, em sua representação da realidade realmente possui uns dez centímetros a mais em sua altura, mas para a perspectiva masculina da realidade ela possui ainda a mesma altura, o salto é apenas um artifício; não para a mulher, que de fato, agora é realmente mais alta. Assim se dá quando usando a maquilagem, toda aquela beleza pintada fica incorporada à sua aparência feminina, tal qual ela se vê no espelho sob a perspectiva da realidade do olhar feminino, mas para o macho, aquela beleza cosmética não passa de um bocado de tinta sobre aquela velha cara conhecida: não faz parte da sua beleza, não passa de uma personagem pintada se sobrepondo à realidade conhecida.

Por isso é que as mulheres se vestem e se pintam para as outras mulheres, e não para os homens, pois o olhar masculino não adiciona a versão modificada da aparência feminina ao seu catálogo de reconhecimento de objetos universais. Toda aquela maquilagem, o salto alto, o cabelo alongado e pintado, são acréscimos ao seu objeto de memória persistente que não se modifica em sua identificação da percepção primitiva do modelo original atualizado e revisado.

Esta diferença de percepção da realidade entre o homem e a mulher define toda a filosofia que separa os dois mundos.

O único mundo que existe para cada indivíduo é apenas a percepção de mundo para o indivíduo, então homem e mulher vivem permanentemente isolados em suas percepções de mundo, imersos em suas subjetividades, objetivados em suas próprias traduções do que seriam as suas realidades, em quaisquer hipóteses esses mundos nunca se comunicam, nunca se encontram.

O que é o objeto natural para a mulher senão a sua vontade de ver representado ou representando nele a sua visão idealizada do objeto!

Penetrar nesse mundo de representação feminino consiste em entender as formas de descrição desses objetos pelas suas formas exteriores pertencentes ao seu catálogo de objetos universais que compõem a sua biblioteca, ou o seu dicionário que é o seu manual de representação da realidade.

Este dicionário feminino é composto por:

a) estética,

b) sentimento,

c) emoção,

d) sonhos,

e) desejos,

f) sensações,

g) imagens,

h) sentidos,

i) cores,

j) texturas,

k) cheiros,

l) sabores,

m) luzes e

n) sombras,

o) sons,

p) gestos,

q) adjetivos,

r) simbolismos,

s) protocolos,

t) ritmos,

u) momentos, cuidadosamente escolhidos

pois todos os objeto e atos femininos têm intencionalidade, mais do que resultados objetivos ou causalidade, e, obviamente, prescindem de posteriores consequências, justificações ou explicações senão tão somente a impressão que causam, mais do que de resultados racionais e determinísticos.

O que importa mais são a emoção e o efeito nos sentidos que causam. Tentar obter uma explicação para os atos e comportamentos femininos é como tentar explicar uma obra de arte: retiraria ou anularia toda a emoção e a objetivação que o artista pretendeu dar em sua obra.

O olhar do homem é como o olhar do jardineiro que segue procurando dotar o seu jardim dos meios de sustentação da vida, regando, adubando, podando e mantendo as proporções entre as plantas geometricamente: o olhar feminino é a própria rosa nesse jardim, aquela rosa que mesmo sem ter consciência de si mesma enquanto rosa, mas que aceita os cuidados do jardineiro, cuja objetivação é a sobrevivência das plantas, mas mesmo que ele não admire a beleza e a estética do seu jardim isto não o impede que saiba do que as plantas sob seu cuidado necessitam para reinarem com as suas belezas.

Embora os objetivos sejam independentes, jardineiro e rosas são interdependentes, a despeito da conscientização ou não desta realidade.

A existência da rosa garante o emprego do jardineiro; a existência do jardineiro garante a sobrevivência e o esplendor da rosa. Um nem precisa gostar ou amar o outro, assim seguem juntos unidos pela função de mútua dependência e das utilidades subjetivas dessa mútua dependência.

Essa deveria ser a essência de um casamento.

O conceito de beleza é uma invenção feminina, segundo o filósofo Rousseau, quando da pré-história a fêmea humana criou-o para se distinguir das outras demais fêmeas para prender e chamar a atenção do macho da espécie homo.

Acontece que o macho pré-histórico era nômade e promíscuo. Para o macho toda mulher era igual, sem distinção, qualquer uma servia, a não ser por uma eventual doença ou velhice.

Não havia sido ainda naquela época estabelecidas na cultura e na Biologia a co-relação de causa e de feito entre o sexo, o macho e a reprodução.

Acontecia que as fêmeas, também promíscuas e infiéis como os machos, passavam por duas ocasiões em suas existências em que precisavam da presença companheira que eram no momento final da gravidez, no parto, e na fase de aleitamento das crias, quando precisavam ser auxiliadas no parto e na fase pós-parto para cumprirem as suas atividades.

Assim a fêmea precisou inventar a família, e consequentemente o amor moral, enquanto o macho somente conhecia o amor físico, sexual, casual.

Então a fêmea inventou a beleza, começando a se enfeitar para atrair o macho e sedentarizá-lo, para ele sempre se lembrar daquela fêmea, mostrar que ela era diferente das demais fêmeas, bonita, usando adornos, cuidando dos cabelos, chamando a atenção para partes do corpo e para a sua identidade que era principalmente o seu rosto, começando assim uma competição com outras fêmeas pela atenção do macho.

As fêmeas passaram a verificar as coisas que atraíam mais os machos em seus corpos para destacá-las, e a esconder as partes consideradas menos atrativas, para criar laços afetivos e morais. Assim for inventado o conceito de beleza.

Que engenharia!

A mulher inventou a família, o amor moral, a beleza, a

monogamia, o ciúme, para manter a exclusividade e a fidelidade do macho através do afeto.

O mundo feminino

Como é complicado para um homem entender o mundo feminino!

Nem tanto.

O mundo masculino, ou, o mundo segundo a visão masculinizada, não pode ser interpretado. O mundo segundo a perspectiva cognitiva do macho é um mundo fragmentado, compartimentado e reconstruído heuristicamente segundo regras, princípios, leis, conceitos, doutrinas, normas e expectativas de comportamento (instituições) previsíveis.

O mundo como se parece ao olhar feminino é reinterpretado constantemente segundo as impressões que se adéquam às expectativas e às percepções sensoriais subjetivas dentro da concretude estabelecida pela experiência vivida, intuitiva, sensorial e da memória dos fatos.

Como são os fatos vistos desta perspectiva feminina? São os fatos da percepção que se harmoniza com a realidade.

A mulher trata da percepção dos fatos eliminando a barreira e o limite de separação entre o sujeito e o objeto.

É oposta ao masculino, analisando a realidade no ponto de vista individual. Tudo que se apresenta à percepção feminina ocorre como um objeto emocional proposital intencional. O objetivo da percepção dos fatos para o feminino é alcançar a intenção das essências das atitudes, decisões e dos comportamentos. Busca interpretar o mundo através da consciência de um determinado sujeito feminino, segundo as suas experiências.

Acredita em captar instantaneamente os fenômenos de forma sensível, emocional e sensorial, considera que toda consciência é "consciência de alguma substância", porém a consciência não é considerada uma substância, mas formada por atos de percepção, imaginação, paixão, emoções e demais atos internos dos seres femininos.

Baseia-se na busca da essência motivacional de um determinado fenômeno através do processo de redução sensorial; todas as coisas são caracterizadas por serem inacabadas em constante processo de modificação. A mulher elabora um método de observação dos fatos, cientificamente, a respeito da descrição e classificação dos eventos em busca de um reconhecimento anterior, sobre os fatos novos, que sempre caem no âmbito de alguma experiência vivida anterior à memória dos fatos presentes, executando uma anamnesis para reconhecer e esclarecer o fenômeno sob observação que considera a visão do determinado sujeito espectador feminino.

Platão resolve esse problema com a sua Teoria das Ideias. O que há de permanente em um objeto é a Ideia; mais precisamente, a participação desse objeto na sua Ideia correspondente.

E esse objeto não é uma Ideia, mas uma incompleta representação subjetiva, pessoal e sensível desse objeto concreto.

Note o exemplo da árvore: o que faz com que ela seja ela mesma e seja uma árvore (e não outra coisa), a despeito de sua diferença daquilo que era quando mais jovem em seus estágios de desenvolvimento vegetativo, em outras etapas de seu crescimento e metamorfose desde a sua fase de muda ou de semente, e de outras árvores de outras espécies (e mesmo das árvores da mesma espécie) é a sua participação singular característica na Ideia de Árvore; e sua mudança e variedades devem-se ao fato de ser uma pálida representação da Ideia geral e genérica de ser sempre uma espécie Árvore.

Platão também elaborou uma teoria gnosiológica, ou seja, uma teoria que explica como se pode conhecer as coisas, ou ainda, uma teoria do conhecimento.

Segundo ele, ao ver um objeto repetidas vezes, uma pessoa se lembra, aos poucos, da Ideia genérica daquele objeto que viu no mundo das Ideias. Para explicar como se dá isso, Platão recorre a um mito (ou uma metáfora) segundo a qual, antes de nascer, a alma de cada pessoa vivia em uma estrela, onde se localizam os estoques das Ideias gerais e genéricas. Quando uma pessoa nasce, sua alma é "jogada" para a Terra, e o impacto que ocorre faz com que esqueça o que viu na estrela. Mas, ao ver um objeto aparecer de diferentes formas (como as diferentes árvores que se pode ver), a alma se recorda da Ideia genérica daquele objeto que foi visto na estrela. Tal recordação, em Platão, chama-se anamnesis.

A reminiscência

Uma das condições para a indagação ou investigação acerca das Ideias é que não estamos em estado de completa ignorância sobre elas. Do contrário, não teríamos nem o desejo nem o poder de procurá-las.

Em vista disso, é uma condição necessária, para tal investigação, que tenhamos em nossa alma alguma espécie de conhecimento ou lembrança de nosso contato com as Ideias (contato esse ocorrido antes do nosso próprio nascimento) e nos recordemos das Ideias ao vê-las reproduzidas palidamente nas coisas.

Deste modo, toda a ciência platônica é uma reminiscência.

A investigação das Ideias presupõe que as almas preexistiram em uma região divina onde contemplavam as Ideias. Podemos tomar como exemplo o Mito da Parelha Alada, localizado no diálogo Fedro, de Platão. Neste diálogo, Platão compara a raça humana a carros alados. Tudo o que fazemos de bom, dá forças às nossas asas. Tudo o que fazemos de errado, tira força das nossas asas. Ao longo do tempo fizemos tantas coisas erradas que nossas asas perderam as forças e, sem elas para nos sustentarmos, caímos no Mundo Sensível, onde vivemos até hoje. A partir deste momento, fomos condenados a vermos apenas as sombras do Mundo das Ideias (vide O Mito da Caverna, de Platão).

Assim, a visão de mundo feminina é que tudo que podemos saber do mundo resume-se a esses fenômenos, a esses objetos ideais que existem na mente, cada um designado por uma palavra que representa a sua essência, sua "significação". Os objetos da vida são dados da concretude apreendidos em intuição pura, com o propósito de descobrir estruturas essenciais dos atos (noesis) e as entidades objetivas que correspondem a elas (noema).

Para as mulheres tudo que é informado pelos sentidos é mudado em uma experiência de consciência, em um evento que consiste em se estar consciente de algo. Coisas, imagens, fantasias, atos, relações, pensamentos, eventos, memórias, sentimentos, etc. constituem experiências de consciência.

Para as mulheres o estudo das nossas vivências, dos nossos estados de consciência, dos objetos ideais desse evento que é estar consciente de algo formam a sua enciclopédia (repositório) de reconhecimento da realidade; não devemos nos preocupar se ele corresponde ou não a objetos do mundo externo à nossa mente.

O interesse para a consciência perceptiva feminina não é o mundo que existe, mas sim o modo como o conhecimento do mundo se realiza para ela. A redução dos fatos vividos e observados requer a suspensão das atitudes, epoché, crenças, teorias, e colocar em suspenso o conhecimento das coisas do mundo exterior a fim de concentrar-se a mulher exclusivamente na experiência em foco, porque esta é a realidade para ela.

Quando a mulher coloca-se em salto alto, ela passa a ser alta mesmo; quando uma mulher recebe uma rosa, a rosa não representa o amor: é o próprio amor, por isso ela a guarda com todo o carinho para sempre se puder guardar o amor; quando uma mulher pinta o seu cabelo de loiro ela é loira mesmo; quando uma mulher se maqueia ela não é uma pintura, ela é a imagem dela três vezes mais bonita. A mulher não joga com símbolos, ela é o próprio símbolo. Um homem vê uma mulher pintada, a mulher se vê ao natural, deslumbrante através da pintura do rosto. Há uma enorme diferença do mundo como representação da realidade entre o homem e a mulher.

O Noesis é o ato de perceber e o Noema é o objeto da percepção – esses são os dois pólos da experiência. A coisa como fato de consciência (noema) é a coisa que importa, e refere-se à conclamação "às coisas em si mesmas". "Redução da experiência sensível" significa, portanto, restringir o conhecimento ao estado da experiência de consciência, desconsiderar o mundo real, colocá-lo "entre parênteses", o que não quer dizer que se deva duvidar da existência do mundo como os idealistas radicais céticos e positivistas duvidam, mas se preocupar com o conhecimento do mundo na forma que se realiza na perspectiva do fenômeno e na visão do mundo que a mulher tem.

Vivência (Erlebnis) é todo o ato mental; tem que englobar os objetos das vivências, porque as vivências são intencionais e é nelas essencial a referência a um fato de memória anteriormente vivido.

A consciência é caracterizada pela intencionalidade, porque ela é sempre a consciência de alguma coisa familiar. Essa intencionalidade é a essência da consciência que é representada pelo significado, o nome pelo qual a consciência se refere a cada fato.

Em "A Psicologia de um ponto de vista da experiência"- 1874 - Franz Brentano afirma: "Podemos assim definir os eventos da mente dizendo que eles são aqueles os quais, precisamente por serem intencionais, contêm neles próprios um fato".

Isto equivale afirmar, como Husserl, que os eventos mentais independem da existência de sua réplica exata no mundo real porque contêm o próprio evento. A descrição de atos mentais, assim, envolve a descrição de seus significados, mas somente como experiências e sem assumir ou afirmar sua existência no mundo concreto. O evento não precisa de fato existir. Foi um uso novo do termo "intencionalidade" que antes se aplicava apenas ao elemento da vontade de existência do fato concreto.

O que importa não é a coisa existir ou não ou como ela existe no mundo, mas a maneira pela qual o conhecimento do mundo acontece como intuição, o ato pelo qual a mulher apreende imediatamente o conhecimento de alguma coisa com que se depara – que também é um ato primordialmente dado sobre o qual todo o resto é para ser fundado em termos de um retorno à intuição, Anschauung, é a percepção da essência. Além do mais, a ênfase sobre a intuição precisa ser entendida como uma refutação de qualquer abordagem meramente especulativa da Filosofia.

Sua abordagem é "concreta", tratar do modo de se ver dos vários tipos de consciência não restringe seus dados à faixa das experiências sensíveis, pois admite dados não sensíveis (categoriais) como as relações de valor, desde que se apresentem intuitivamente (categorias analíticas).

A função das palavras para a mulher não é nomear tudo que nós vemos ou ouvimos, mas salientar os padrões recorrentes em sua experiência de mulher. Identificam os dados dos sentidos atuais como sendo do mesmo grupo que outros que já tenham registrado antes.

Uma palavra não descreve uma única experiência, mas um grupo ou um tipo de experiência; a palavra "mesa" descreve todos os vários dados dos sentidos que consultam normalmente quanto às aparências ou às sensações de "mesa". Assim, tudo que a mulher pensa, quer, ama ou teme é intencional, isto é, refere-se a um desses universais (que são significados e, como tal, são eventos e fatos da consciência). E por sua vez, o conjunto dos eventos, o conjunto das significações, tem um significado maior, que abrange todos os outros, é o que a palavra "Universal" significa.

John Locke

O maior dos filósofos empiristas procurou em seu Essay Concerning Human Understanding (1690) demonstrar que todas as idéias são registros de impressões sensíveis (ou são derivadas de combinações, de associações entre essas ideias de origem sensível), e criticou o pensamento de Descartes (1596-1650) de que existiriam algumas ideias que seriam inatas - que o homem teria no espírito ao nascer -, como, por exemplo, a ideia de perfeição. Segundo John Locke, alguma coisa é enviada pelos objetos e é captada por nossos sentidos e dão causa à formação das ideias. Este pensamento é a base da teoria corpuscular da luz.

David Hume

Ainda mais contundente que seu predecessor Locke, negou o valor do raciocínio lógico e denunciou que a relação de causa e efeito não é suficiente como verdade, pois nada encontramos entre causa e efeito senão que um acidente costumeiramente se segue a outro. Estamos habituados a chamar o primeiro acidente de causa apenas porque ele sempre acontece antes do segundo que chamamos de efeito(correlação espaço-temporal).

Immanuel Kant

Segundo a filosofia do conhecimento (Crítica) de Immanuel Kant (1724-1804), nós não podemos conhecer as coisas inteiramente, porque nem todos os sinais que recebemos das coisas são aceitos pela mente, e disto resulta que não podemos conhecer inteiramente o real. Conhecemos do real apenas aquilo que a mente pode assimilar, e que ele chamou fenômeno; ao que permanece incognoscível para nós ele chamou o noumeno. Então Kant tomou a série de conceitos que Aristóteles havia listado como o que podemos dizer das coisas, e transformou-a em uma série de categorias que são o que podemos conhecer das coisas. Para Kant o dado real, concreto tem validade, porém nunca validade absoluta ou apodítica. Husserl igualmente duvida do conhecimento científico dos fatos e, para ele, o que deve ser procurado é o conhecimento científico das essências.

A mulher deve ser considerada no olhar masculino em vista do fato representado que em sua mente feminina a impressão causada pelos objetos e fatos correspondem à sua própria realidade, não importando qual a situação externa, e porque essa construção feminina difere do padrão comum dos objetos ideais na mente masculina com respeito aos mesmos estímulos dos sentidos percebidos pela mente feminina. O pensar masculino precisa encontrar o significado nos objetos do mundo ideal feminino, a fim de poder lidar com sua situação feminina mental.

A dificuldade entre o mundo masculino e o mundo feminino que se levanta é a possibilidade do masculino de viver com a sua própria visão do mundo, de sua situação e de si mesmo frente à mulher. Como a subjetividade deve estar também no modo de visão de mundo masculino, é impossível ter a mente masculina uma intuição desses aspectos que seja inteiramente livre do seu próprio eu, do seu próprio pensar, de modo a evitar introduzirem-se em sua percepção do mundo feminino certas impressões pessoais masculinas que precisaria evitar.

O ser masculino deve buscar compreender com a sua subjetividade a subjetividade feminina. Na verdade, necessita de um grupo de psicólogos consultores de modo que as suas visões possam se somar para uma compreensão mais profunda de um fenômeno de "intersubjectividade". Porém deve lembrar-se de que, a rigor, que o ser masculino não tem nenhum padrão absolutamente confiável para aprovar ou reprovar qualquer comportamento feminino, apesar de se encontrar confortável com a estatística da normalidade das atitudes e dos costumes femininos do que se poderia chamar de comportamento normal.

Só vai diminuir a violência contra a mulher quando em vez de castigo se ensinar educação sentimental aos homens e mulheres. Quem está disposto a morrer não tem medo de matar. O coração desesperado e despedaçado não recua diante da ameaça da punição. Os talibans que o digam: Não se pune com sentença de morte o suicida-imanente.

Nada disso vai fazer recuar a violência contra a mulher se não for acompanhada de um treinamento e condicionamento do comportamento sentimental tanto do homem quando da mulher, pois assim continuarão sendo vítimas do amor mal tratado, do mal do amor desiludido.

Quando um homem mata o seu amor está tentando matar o mal que existe dentro da relação amorosa, jogando fora a água da banheira com o bebê junto.

Para viver o amor é preciso aprender a amar e o Estado precisa ensinar como o casal deve lidar com os sentimentos.

Punição não é solução, nem tampouco a remediação e o consolo dos corações e corpos dilacerados pelas dores e feridas do amor desenganado.

Os negros no país morrem quase duas vezes mais do que os brancos.

Entre os anos de 2002 e 2008, o número de homicídios de vítimas brancas cai no país, enquanto sobe o número de vítimas negras.

Segundo o estudo, no ano de 2002, morriam 45,8% a mais de negros do que de brancos, em 2005 esse número sobe para 67,1% e, em 2008, atinge o ápice de 103,4%, o que significa que para cada branco morto morrem dois negros.

A diferença de homicídios entre negros e brancos é maior na região Nordeste - onde a proporção é de um branco para cada dez negros vítimas de homicídio – e menor na região Sul, onde o número a proporção se inverte, não na mesma intensidade, mas na de um negro morto para cada quatro brancos mortos.

Não é de se estranhar esta diferença entre as duas regiões, pois no Nordeste há mais negros do que brancos e no Sul a população é majoritariamente branca.

O dobro de mortos negros em relação a brancos para o Brasil é um dado que confirma o que o Movimento Negro já vem denunciando há muito tempo: existe um genocídio da população negra no país. - Não quer dizer que aqueles morrem por serem negros, necessariamente.

Revela ainda que sejam necessárias políticas públicas específicas para esta população, que promovam a igualdade de oportunidades e de acesso aos direitos.

O Presidente do IPEA Marcelo Nery apresenta o balanço da lei do desarmamento depois de dez anos:

a) As vendas caíram de 57 mil para 37 mil armas de fogo;

b) Os homicídios caíram de 5,9%;

Nem é preciso fazer-se uma regressão linear múltipla estatística nem usar sofisticados cálculos para se descobrir a estupidez desta Lei.

Retiraram cerca de 35% das armas novas, e recolheram milhares de armas que estavam nas casas de pessoas decentes.

Os bandidos não compram armas em lojas, ficou provado isso.

Os bandidos não se abastecem de armas das pessoas decentes, ficou provado isso.

Os bandidos não se intimidaram com as penas de porte ilegal de armas, ficou provado isso.

O crime diminuiu (QUASE NADA) desproporcionalmente ao esforço do governo para combater os homicídios.

Mas, algum salafrário ainda vai argumentar que a

população aumentou e que sem as leis de desarme e controle poderia ter sido pior.

Acontece que não se sabe se seria pior ou não por que não sou vidente, apenas conheço estes números.

Obrigado, Governo por mais esta lei que nos deixa desamparados diante dos criminosos os quais tem sempre a certeza de que na casa de um cidadão honesto nunca haverá uma arma de fogo a esperá-los.

PS.: Os EUA tem 50% a mais de habitantes que o Brasil, lá todos tem armas, mais de 300 milhões de armas para uma população de 300 milhões de habitantes, possuem um décimo de homicídios do Brasil. Obrigado pacifistas da internet, e revolucionários de pijama!

Cria-se um Estado paralelo, de direito, especial apenas para a mulher mesmo diante de toda a ampla defesa à disposição de maria da penha e mesmo com a condenação do réu procurou a senhora maria da penha servir às incansáveis militantes das minorias de sempre à procura de um álibi, mais um, para atacar sem parar a sociedade, para criar as condições objetivas para implantar um estado comunista, mas, felizmente, apenas causa mais irritação e comoção pelas consequências sempre desequilibradas e desastrosas que agravam muito mais do que resolvem.

Entramos na era da intolerância, do pensamento-único, da patrulha-ideológica do politicamente-correto, do preconceito do preconceito, dos chatos de todo gênero, ecochatos, homochatos, politochatos, pedochatos. Revolucionários sem causa. Não há mais revolução sexual a fazer, nem viradas políticas, nada a conquistar ou a desbravar, acabou-se a era das causas importantes para a humanidade, somente restaram os revolucionários tardios!

Rosanne D'Agostino Do G1, em São Paulo

566 comentários

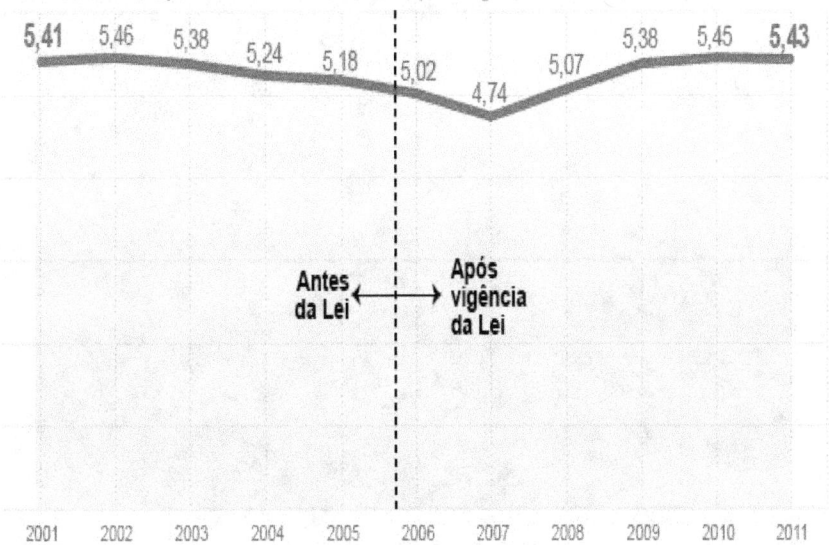

Mortalidade de mulheres por agressões
Taxa de mortalidade, por 100 mil mulheres, antes e após a vigência da Lei Maria da Penha

5,41   5,46   5,38   5,24   5,18   5,02   4,74   5,07   5,38   5,45   5,43

Antes da Lei ← → Após vigência da Lei

2001   2002   2003   2004   2005   2006   2007   2008   2009   2010   2011

Fonte: Estudo 'Violência contra a mulher: feminicídios no Brasil', Ipea 2013

G1.com.br   Infográfico elaborado em 24/9/2013

A Lei Maria da Penha, que entrou em vigor em 2006 para combater a violência contra a mulher, não teve impacto no número de mortes por esse tipo de agressão, segundo o estudo "Violência contra a mulher: feminicídios no Brasil", divulgado nesta quarta-feira (24) pelo Instituto de Pesquisa Econômica Aplicada (Ipea).